Samara

Abgrenzung empathisch

Grenzen setzen - Abgrenzen lernen

Ich kenne keinen sicheren Weg zum Erfolg, aber einen sicheren Weg zum Misserfolg:

Es allen recht machen zu wollen.

(Platon)

Abgrenzung empathisch

Inhaltsverzeichnis

Zitat

Vorwort

Kennst Du das?

An Dich wird ein Wunsch gerichtet. Du spürst innerlich ein klares NEIN und hörst Dich dann selbst JA sagen? Du hast Dir felsenfest vorgenommen, dieses Mal eine Grenze zu setzen und endlich NEIN zu sagen, wenn Dich Dein Chef um Überstunden bittet, oder ein Kollege Dir seine Arbeit übergeben möchte, um früher Feierabend zu machen.

Oder Du spürst viele Emotionen der Menschen um Dich herum, aber Dich selbst spürst Du nicht?

Es gibt viele Situationen, in denen wir uns ausgenutzt und schwach fühlen, und oft gehen wir nicht entschieden genug dagegen vor. Dann wünschen wir uns die Kraft und Stärke, wirklich unsere Meinung zu sagen, NEIN zu sagen, wenn wir es auch so empfinden und endlich das Selbstbewusstsein zu besitzen, ganz zu uns zu stehen.

Und darin liegt ein wesentlicher Schlüssel zum Thema Abgrenzung:

Wenn wir innerlich komplett JA zu uns sagen, uns mit unseren Bedürfnissen, Werten und Wünschen akzeptieren, Mitgefühl für uns selbst empfinden; wenn wir ganz bei uns, in uns verankert sind und das im Alltag leben und zeigen, sind wir souverän und authentisch. Und dann brauchen wir uns häufig nicht mehr abzugrenzen, weil wir eine natürliche Autorität von Selbstliebe, Akzeptanz und Wertschätzung ausstrahlen. Diese Ausstrahlung hält zum einen Menschen von uns fern, die Übergriffe praktizieren, zum anderen sind wir dann auch in der Lage mit Gefühlen, von denen wir uns bisher abgrenzen wollten, entspannt umzugehen.

So lange wir uns noch auf dem Weg befinden zu dieser Souveränität und Authentizität, noch nicht diese sanfte Stärke, diese liebevolle Kraft, dieses Charisma besitzen, sind empathische Abgrenzungsmöglichkeiten unser bestes Hilfsmittel. So lange wir immer wieder in Situationen kommen, in denen wir uns überrollt, überfordert, angegriffen usw. fühlen, ist es eine wunderbar, hilfreiche Sache, Grenzen mitfühlend zu setzen, um für Klarheit zu sorgen, für uns einzustehen und gleichzeitig liebevoll mit uns und den anderen umzugehen.

Wenn Du Dich empathisch abgrenzt, und Mitgefühl mit Dir hast, kannst Du Frieden schließen mit Dir, der Situation und der Welt. Wenn Du JA sagst, zu dem was ist und mit dem Herzen auf die Situation schaust.

JA, Abgrenzung kann man lernen. Auch Du. Durch eine liebevolle Selbstbehauptung und eine Selbstwahrnehmung, die zu Deinem Selbstbewusstsein führt. Damit Du es Dir im Sinne Platons (Zitat) Recht machen kannst. Und wie das genau geht, erfährst Du in den folgenden Kapiteln.

1. Empathisch abgrenzen – was ist das?

Wenn wir alles annehmen könnten so wie es ist, bedingungslos JA sagen zu uns selbst und dem Leben, bräuchten wir uns dem Thema Abgrenzung nicht zu widmen. Denn dann würde alles durch uns einfach und mit Leichtigkeit hindurchfließen – alle Gefühle und alle Begebenheiten, und wir würden bei jeder neuen Situation einfach nur sagen:

Aah, eine neue Erfahrung! Interessant!

Wir Menschen sind aber so gestrickt, dass wir viele Erfahrungen ausschließen wollen, weil wir unsere Erlebnisse bewerten und nicht einfach als Erfahrung verbuchen. Deshalb gehen wir oft in einen Widerstand gegen Situationen, Gefühle oder Teile unseres Wesens. Wir wollen immer glücklich sein und versuchen deshalb Erfahrungen zu vermeiden, in denen wir Schmerz vermuten. Zum Teil auf völlig verrückte Weise. Wenn wir in uns in unserer Sehnsucht nach einem angenehmen Leben vor vielem schützen möchten, neigen wir manchmal dazu, uns auf rabiate Weise zu schützen, zum Beispiel indem wir Kontakte abbrechen, innere Mauern hochziehen und Kämpfe ausfechten, wenn uns etwas zu viel wird oder uns verärgert. Damit fühlen wir uns aber auch nicht wohl, so dass wir andere Lösungen benötigen.

Abgrenzung in Zusammenhang mit Empathie kann eine Brücke bauen, um Dich sicher zu fühlen, ganz bei Dir zu bleiben und trotzdem in Nähe und Verbindung zu Deinem Umfeld zu bleiben.

Für viele Menschen ist der Begriff Abgrenzung negativ geprägt. Eine Grenze zu anderen Menschen zu ziehen erscheint uns wie eine Mauer. Dabei wünschen wir uns doch alle Verbundenheit, Nähe und liebevolle Gemeinschaft. Wie lassen sich Empathie und Abgrenzung vereinbaren?

Wenn wir normalerweise an Abgrenzung denken, wollen wir meist Abstand halten von Situationen oder Menschen, die schmerzliche Gefühle in uns erzeugen.

Mitunter dringen Gefühle anderer Menschen ungefiltert in unser System und wir verlieren uns dabei und fühlen uns überlastet. Dadurch haben wir weniger Zugang zu unseren eigenen Gefühlen, Wünschen und auch zu unserem Potenzial. Wir können nur schwer unterscheiden, was zu uns gehört, und die innere Stimme, die uns leitet, tritt immer mehr in den Hintergrund.

Oder wir möchten übergriffiges Verhalten oder unangenehme oder zu viele Sinneseindrücke abwehren. Sich abzugrenzen bedeutet, sich schützen zu können, bei sich bleiben zu können und nicht von äußeren Eindrücken oder Umständen „mitgenommen“ zu werden. Und das geht auch auf eine liebevolle, empathische Art – sowohl für Dich als auch für die anderen.

Empathie ist die wertvolle Fähigkeit, sich in die Gedanken und Gefühle von anderen hineinzuversetzen und damit auch rücksichtsvoller mit Menschen umzugehen – unerlässlich für eine gelungene Team- und Gemeinschaftsbildung. Jesper Juuls sagte darüber einmal treffend: „Eines Tages werden wir feststellen, dass Empathie wichtiger ist als Gold." Empathie besagt, Gedanken und Gefühle des Anderen so weit wie möglich zu erkennen und aus dem Weltbild (d.h. der Sichtweise und Perspektive) des anderen zu interpretieren.

Empathie ist eine der Faktoren, die der emotionalen Kompetenz zugeordnet ist. Dabei geht es im Wesentlichen um vier Fähigkeiten:

1. Aufmerksamkeit für Deine eigene emotionale Befindlichkeit
2. Mitgefühl für Deine Mitmenschen
3. die Fähigkeit, befriedigende zwischenmenschliche Beziehungen einzugehen
4. einem konstruktiven Umgang mit belastenden Gefühlen.

Ist es Dir aufgefallen? Zur emotionalen Kompetenz gehört auch die Fähigkeit aufmerksam zu sein für Dich und Deine eigene Befindlichkeit! Das bedeutet auch ein Mitgefühl für Dich zu haben.

Mitgefühl ist in uns allen angelegt - sowohl für uns selbst als auch für andere. Nur haben viele Menschen verlernt, oder es ist ihnen abtrainiert worden, Verständnis sowohl für andere als auch für ihre eigenen Bedürfnisse zu haben.

Um jedoch im Frieden zu sein und Dich auch liebevoll abgrenzen zu können, benötigst Du beides: Empathie, und das bedeutet nicht nur die Fähigkeit Dich in andere hinein zu versetzen, sondern auch Verständnis und Aufmerksamkeit für Deine eigene

Befindlichkeit, für Dich! Die Intelligenz des Herzens, die so viel weiser ist als der Verstand, ist dafür ausschlaggebend. Liebe in das Thema Abgrenzung einzubinden, ist ein Ziel dieses Ratgebers. In diesem Buch geht es deshalb um die liebevolle Abgrenzungssicht, eine Empathie, nicht nur für die anderen, sondern auch um das Mitgefühl für Dich.

2. Warum soll ich mich überhaupt abgrenzen?

Kommt Dir das bekannt vor?

Du willst eigentlich NEIN sagen, entscheidest Dich dann doch für ein JA. Und ärgerst Dich hinterher über Dich selbst? Und manchmal musst Du deshalb sogar ernsthafte Konsequenzen in Kauf nehmen, weil Du es verpasst hast, im richtigen Moment NEIN zu sagen.

Du kommst nach einem normalen Tag mit Terminen, Gesprächen mit Freunden, Erledigungen und Aufgaben abends nach Hause, fühlst Dich völlig erschöpft, Dein Kopf schwirrt und fragst Dich: Wo und wann habe ich mich heute verloren?

Hast Du verpasst eine Grenze zu ziehen, weil bei Dir das Wort „Abgrenzung“ innerlich Stress auslöst? Denkst Du, dass Du Dich nicht richtig abgrenzen kannst, und wenn Du es tust, hängt Dir das nach?

Wenn Du Deine eigenen Wertvorstellungen und Bedürfnisse genau kennst, und sie einfühlsam anerkennst, wird es Dir leicht fallen, Dich entsprechend im Außen abzugrenzen.

Lebst Du jedoch nicht nach Deinen eigenen Vorstellungen, die Du tief in Dir als wahr erachtest, dann ist Dein wahres Selbst hinter einer Maske verborgen aus “ich müsste”, “ich sollte” und “ich darf nicht”. Das macht weder glücklich noch ist es attraktiv. Und trotzdem fällt es vielen Menschen schwer, ihre ureigenen Lebensvorstellungen umzusetzen.

Unsere Sehnsucht nach Harmonie ist uns bei Abgrenzung häufig im Weg. Und bevor ein Konflikt ausbricht, sagen wir dann doch lieber Ja als Nein. Aus diesem Grund ist die Art und Weise wie wir uns abgrenzen wichtig, damit wir uns damit wohl fühlen. Und auch die Erkenntnis, dass eine authentische Grenze letztendlich einen Gewinn für alle bringt.

Grenzen sind wichtig

Vielleicht zögerst Du Grenzen zu setzen, wenn es um Deine Zeit, Deine Aufmerksamkeit oder Deine Gesellschaft angeht, weil Du nicht distanziert, unfreundlich oder nicht hilfsbereit erscheinen möchtest. Vielleicht fragst Du Dich sogar, ob Du berechtigt bist, jemand anderem Grenzen zu setzen. Aber was zahlst Du dafür für einen Preis?

Wenn Du sinnerfüllt und erfolgreich leben möchtest, beantworte für Dich folgende spannende Fragen:

Achtest Du in Deinem Alltag auf Deine Bedürfnisse oder hast Du versucht, es den anderen Recht zu machen?

Kannst Du das verwirklichen was Dir am Herzen liegt, wenn Du Dich Deinem Umfeld und den Bedingungen und Anforderungen anpasst?

Lebst Du Dein ganz individuelles, beglückendes, erfüllendes Leben?

Um das zu leben, was Du bist, Deinen Bedürfnissen gerecht zu werden, benötigst Du Schutzzonen, Zeit und Aufmerksamkeit für Deine persönlichen Dinge. Das ist eine Entwicklung zu einem uneingeschränkten JA für Dich - gesichert durch klare, für alle gut erkennbare Grenzen, die Dich vor Anforderungen und Verantwortlichkeiten, die Dich sonst anstrengen oder überfordern, schützen. Genau deshalb, damit Du erkennst, was wirklich wichtig für Dich ist. Indem Du Grenzen setzt rund um alles, was Dir wertvoll ist, schaffst Du Raum ganz Du selbst zu sein, und damit bist Du auch ein Geschenk für die anderen. Mit Hilfe der Fähigkeit, NEIN zu sagen und klare Grenzen zu setzen, wirst Du stabiler. Und langfristig werden sich Deine Beziehungen sogar vertiefen.

Das Leben wird leichter mit Grenzen

Jeder von uns hat seine eigenen Grenzen und individuellen Raum, der Raum, in dem sich jeder von uns wohl und sicher fühlt. Das ist wie eine Schutzhöhle im Alltag. Hierher können wir uns zurückziehen, Kraft sammeln und reflektieren.

Deine eigenen Grenzen zu kennen und zu verteidigen hat sehr viel mit Selbstliebe und Wertschätzung für Dich zu tun. Wenn Du Dir unsicher bist, ob Du eine Grenze setzen solltest, kannst Du Dir die Frage stellen: Was würde die Liebe jetzt tun?

Würde die Liebe über ihre eigenen Werte oder Bedürfnisse hinweggehen? Jemand, der sich selbst liebt, nimmt Herausforderungen an, die ihn weiterbringen, würde sich aber nicht überfordern. Jemand, der sich selbst liebt, hilft anderen, wenn er Freude daran hat, aber lässt es bleiben, wenn ihm das zu viel ist oder er dazu keine Lust hat.

Nur Du kannst wirklich gut für Dich sorgen. Das hat nichts mit Egoismus zu tun! Das nennt sich Selbstfürsorge! Man kann nur für andere da sein, wenn man selbst gut für sich sorgt. Diese gesunde Form dient Dir, Deinen Beitrag zu leisten, weil Du gut mit Deiner Kraft und Energie umgehst – und dazu sind Grenzen unerlässlich.

Grenzen schaffen Klarheit

Abgrenzung bedeutet, dass Du eine Grenze ziehst, um „Übergriffe“ abzuwehren oder vorzubeugen. Eine solche Grenze macht Dir und Deiner Umgebung klar, wofür Du zuständig bist und wofür nicht.

Wenn Deine Waschmaschine kaputt ist, oder Deine Lampe nicht mehr leuchtet, ist klar, wer sich darum kümmern muss. Genauso ist es klar, dass Du vom Schutz und der Gemütlichkeit Deiner Wohnung profitierst, wenn alles repariert ist und Du entscheidest, wer dort hinein kommen darf. Allen ist dadurch geholfen, wenn deutlich ist, wo Dein Schutzraum beginnt. Es schafft Klarheit. Deine Mitmenschen können dann Deine Kontur sehen, werden Dich ernst nehmen und auf dich hören, wenn Du klare Grenzen setzt. Und wenn Du diese auf eine empathische Art und Weise vermittelst, müssen dadurch auch keine Konflikte entstehen.

3. Abgrenzung für hochsensible Menschen

Wie kann ich mich schützen?" und „Wie kann ich mich besser abgrenzen?" sind die häufigsten Fragen, die sensible Menschen stellen. Und das hat einen Grund. Durch die feine, erweiterte Wahrnehmung nehmen besonders feinsinnige Menschen viel mehr an Reizen auf, die nicht alle sofort verarbeitet werden können. Hinzu kommt häufig eine große Emotionalität, für deren Klärung und Beruhigung sie Zeit benötigen. Deshalb benötigen sie mehr Ruhe und Rückzugsmöglichkeiten und haben deutlich weniger Interesse an Großveranstaltungen und dem gesellschaftlichen „Höher-, Weiter-, Schneller-Spiel".

Hochsensible empfinden jedoch ihre geringe Belastbarkeit häufig als Belastung oder Hindernis, um eigenen Ziele zu erreichen und selbstbestimmt und frei zu leben – vergessen dabei aber, dass sie durch die erhöhte Reizaufnahme per se einer höheren Belastung unterliegen.

Viele von ihnen fragen sich aufgrund ihrer oftmals hohen Empathiefähigkeit auch, ob es überhaupt notwendig ist, sich mit diesem Thema zu beschäftigen, weil sie nicht egoistisch sein möchten, niemand ausgrenzen oder dessen Bedürfnisse ignorieren wollen. Die innere Abwehr und die Schwierigkeiten bei der Abgrenzung und dem Nein-Sagen liegen vielleicht auch darin begründet, dass sie eine andere Herangehensweise an das Thema bevorzugen als es allgemein üblich ist. Ein harsches NEIN ist nicht ihre Art zu kommunizieren. Deshalb muss Abgrenzung für sie ein stimmiger, herzlicher Akt sein und für alle Beteiligten Sinn machen. Alles andere ist unbefriedigend für sie.

Konflikte sind für hochsensible Menschen in der Regel ein Stressfaktor, weil sie nicht nur ihre Gefühle, sondern auch die ihres Gegenübers spüren können. Sie sind empfindsam für Schwingungen und Stimmungen aller Art. Wenn Spannungen und Ärger in der Luft liegen, belastet sie das. Und nach einem NEIN kann natürlich eine Spannung entstehen.

Oder sie trauen ihrem eigenen Gefühl nicht. Ist die innere Stimme mit: „Jetzt reicht es mir!" echt? Diese Unsicherheit rührt oft daher, dass sie im Laufe des Lebens Erfahrungen gesammelt haben, in denen sie dieser Stimme nicht folgen konnten aufgrund von äußeren Einflüssen wie Vorschriften, Abhängigkeiten oder dem Wunsch dazuzugehören. Und wenn das öfter passierte, führte es im Laufe der Zeit automatisch zu einem Verlust der Wahrnehmung dieses inneren Kompasses.

Zudem können sie durch die erhöhte Reizaufnahme von den Launen anderer beeinflusst werden. Sie sind meist weniger abgegrenzt als andere. Das bietet ihnen aber auch den Vorteil, eine tiefe Verbindung zu ihren Mitmenschen zu spüren. Etwas, dass sie in der Regel sehr genießen. Mitunter führt aber auch das zur Überforderung, weil sie durch diese Eigenschaft in Dinge involviert werden können, an denen sie nichts ändern können und sie sich dadurch hilflos fühlen. Dann fällt es ihnen schwer, aus diesen Situationen wieder bewusst heraus zu kommen, denn Abgrenzung ist oft nicht ihre Stärke.

Deshalb haben viele hochsensible Menschen ihre Grenzen nicht klar für sich definiert oder diese klar kommuniziert, sondern wünschen sich, dass sich die belastenden Situationen von selbst verbessern mögen. Manchmal passiert das auch. Aber die Möglichkeit, selbst empathisch Grenzen zu ziehen, gibt eine Sicherheit, wirklich gut für sich sorgen zu können – schafft Selbstbewusstsein und Unabhängigkeit.

Anerkennung der eigenen Grenzen

Wenn es um Abgrenzung geht, ist es sehr wichtig zu wissen, was man denn genau möchte. Wie sieht der Idealzustand konkret für Dich aus?

Hast Du Dir darüber bereits Gedanken gemacht, wie Dein ideales Leben aussehen könnte?

Wie sollen Menschen mit Dir umgehen?

Wenn Du Dir darüber bewusst bist, lernst Du Deine eigenen Grenzen kennen und akzeptieren.

Der erste Schritt zur Abgrenzung liegt also darin, die Grundlage dessen zu erkennen und anzuerkennen, was überhaupt abgegrenzt werden muss. Dazu müssen sich sensible Menschen selbst gut kennen lernen, beobachten und daraus die entsprechenden Schlüsse ziehen: „Ach so! Das ist es also, was mir gar nicht gefällt. Was gefällt mir denn richtig gut? Wie soll diese Situation für mich im besten Fall aussehen?"

Zum Beispiel im Umgang mit anderen Menschen: Oft können sie spüren, wo etwas schief läuft, wann es einem anderen schlecht geht und oft auch warum. Weil sie das wahrnehmen, denken sie dann mitunter, es wäre auch ihre Aufgabe, dieses Leid zu beenden. Doch das ist nicht möglich und wäre eine Überforderung. Natürlich hat jeder Mensch auch eine große Wirksamkeit um andere zu unterstützen, aber innerhalb seiner persönlichen Möglichkeiten und Grenzen. Und die gilt es anzuerkennen.

Gleichzeitig bietet dieses Wahrnehmungstalent der Sensibilität auch die Chance, sich selbst besser wahrzunehmen, indem die Aufmerksamkeit immer wieder auf die eigenen Gefühle und Empfindungen gelenkt wird. Hochsensibilität bietet Möglichkeiten und Grenzen.

So lange ein hochsensibler Mensch sich selbst und anderen nicht eingestehen kann, aufgrund von Reizüberflutung überlastet zu sein, bleibt vielen von ihnen nur der „Ausweg in Krankheit“, um sich quasi über die Hintertür die Erlaubnis für Ruhe und Rückzug zu holen. Um im gesellschaftlichen Leben mitzumischen, bezahlen viele hochsensible Menschen mit seelischen und körperlichen Symptomen wie Ängsten, Schlafstörungen, Depressionen oder Burnout als Konsequenz ihres angepassten Verhaltens. Das muss nicht sein.

Es gilt das eigene Sein anzuerkennen und nicht versuchen “mitzuhalten” was das Umfeld vorlebt. Das wären fremde Maßstäbe, die überfordern und letztendlich zu einer Doppelbelastung führen. Nämlich einerseits die eigene Leistung als sensibler, feinsinniger Mensch die vielen Reize zu verarbeiten und gleichzeitig den Wunsch, das zu leisten, was andere leisten, die aber anders veranlagt sind.

Also kommt es auf zwei Dinge an:

Die eigenen (begrenzten) Kräfte zu akzeptieren. Und gleichzeitig die eigenen Möglichkeiten und Chancen zu sehen, die dieses Persönlichkeitsmerkmal mit sich bringt. Hochsensible Menschen können sich immer wieder bei Unwohlsein, Erschöpfung und Überreizung fragen was genau dieses Mal dazu geführt hat.

Wie sie auf bestimmte Situationen am Tag reagiert haben und was sie beim nächsten Mal anders machen könnten, um in ihrer Kraft zu bleiben.

Was sie nicht leisten können, obwohl sie es gerne wollen und welche alternative Möglichkeiten es dafür gibt?

Gleichzeitig helfen auch Fragen danach, welche Qualität sie aufgrund dieser sensiblen Fähigkeiten mit auf diese Welt bringen? Wie können sie genau diese Qualitäten positiv für sich und andere einsetzen? Wie lange können und wollen sie arbeiten? Und welches Maß an Pausen benötigen sie, um wieder ganz bei sich anzukommen?

Diese Erkenntnisse sind die Grundlage für Abgrenzung – einer Notwendigkeit für ein erfüllteres, glückliches Leben mit einer großen Sensibilität.

4. Wo sind meine Grenzen?

Eigene Werte und Bedürfnisse kennen lernen

Grenzen sind etwas sehr Individuelles! Was für Dich gar nicht geht, lässt Deinen Nachbarn völlig unbeeindruckt. Wann hast Du Dich das letzte Mal über einen Menschen beschwert? Wahrscheinlich hat er eine Grenze von Dir übertreten und Du hast nicht entschieden genug NEIN gesagt. Vielleicht, weil Du Dir über diese Grenze nicht bewusst warst. Und dabei helfen Dir Deine Werte und Bedürfnisse.

Wenn Du Klarheit über Deine Werte hast, leiten sie Dich wie ein Kompass durchs Leben – dem Leben, dass Dir entspricht. Deine Werte zeigen Dir was für ein Mensch Du sein willst, was Du magst, was Du verabscheust und mit welchen Menschen Du Dich umgeben willst.

Grenzen zu setzen heißt, NEIN oder STOPP sagen zu können. Es bedeutet, dass Du ein klares Bild davon hast, wie Menschen mit Dir umgehen dürfen und wie nicht – und dass auch durchsetzt. Dann weißt Du, was Du bereit bist für andere zu tun, und was nicht. Es bedeutet, Deine Überzeugungen zu kennen und für sie einzustehen.

Damit Du klar NEIN sagen kannst, ist es unerlässlich, Dir über Deine Werte und Bedürfnisse im Klaren zu sein. Diese Klarheit gewinnst Du, indem Du Dich mit Dir beschäftigst. Du kannst zum Beispiel immer wieder innehalten und Dich in verschiedenen Momenten beobachten und wahrnehmen, wenn eine bestimmte Situation auftritt. Was geschieht mit Dir innerlich? Wann beginnt es in deinem Körper zu zwicken, sich zusammen zu ziehen, zu kribbeln? Er zeigt Dir eine Grenze auf.

Kennst Du Deine Grenzen ganz genau?

Solange Du Dir nicht bewusst bist, wo Deine liegen, ist es nicht möglich, diese Grenzen zu wahren. Du musst zuerst konkret wissen, was Du willst, Deine eigenen wichtigsten Werte kennenlernen und festlegen.

Deine Werte kennenlernen

Um Deine Grenzen an die richtigen Stellen zu setzen, legst Du Deine grundlegenden Werte fest. Folgende Fragen können Dir dabei helfen:

1.Was ist Dir neben den essentiellen Dingen wie Nahrung, Schutz und Gemeinschaft absolut wichtig im Leben?

2. Was sagen Deine Freunde und Familie über Dich?

3. Wie sieht ein gutes menschliches Miteinander für Dich aus?

4. Wozu sagst du eindeutig JA? Wozu NEIN?

5. Wie sollten Menschen Deiner Meinung nach behandelt werden?

Damit kommst Du Deinen Werten auf die Spur. Schreibe Dir am besten die Antworten auf und erschließe Dir daraus Deine Werte. Eine Liste mit Vorschlägen zum Thema Werte findest Du am Ende dieses Kapitels.

Wichtig ist, dass Du eine innere Verbindung zu den Werten spürst, die Du auswählst. Anschließend kannst Du sie nach Wichtigkeit für Dich ordnen, Deine fünf Favoriten herausfiltern und sie bewusst im Leben integrieren. Dazu kannst Du Dir diese fünf auf einen Zettel schreiben, den Du mit Dir herum trägst und immer wieder darauf schaust.

Nur wenn Du im Inneren wirklich weißt, warum Du eine Grenze ziehst, und warum Du sie genau an dieser Stelle ziehst, kannst Du sie einhalten und dafür einstehen, wenn Du Dich unter Druck gesetzt fühlst. Jetzt bist Du ein Mensch mit Integrität – Du redest und handelst in Übereinstimmung mit Deinem persönlichen Wertesystem und Deinen Idealen.

Persönliche Werte helfen Dir auch, Deine wahren Lebensziele zu erkennen.

Dazu kannst Du Dir folgende Fragen stellen:

Was ist mir ganz besonders wichtig im Leben?

Was möchte ich am Ende meines Lebens erreicht haben?

Wenn ich nur noch kurze Zeit zu leben hätte, was würde ich dann tun?

Ein Hinweis auf Deine Werte liefern Dir auch Deine Gefühle. Wenn es in Deinem Leben wiederkehrende Situationen gibt, in denen Du wütend wirst ist das ein Zeichen dafür, dass jemand Deine Werte verletzt hat.

Aber auch Deine Bedürfnisse weisen Dir den Weg zu Deinen Werten und damit Deinen Grenzen. Wenn Dich etwas stört, ärgert, traurig macht usw. wird wahrscheinlich eines Deiner Bedürfnisse nicht erfüllt. Wenn zum Beispiel eine Frau zu ihrem Mann sagt: „Du arbeitest zu viel. Du liebst Deine Arbeit mehr als mich.“, meint sie damit, dass ihr Bedürfnis nach Nähe nicht erfüllt wird.

Es gibt grundlegende menschliche Bedürfnisse, die wir alle haben und die Dir Hinweise zu Deinen Werten geben, z.B. in Bezug auf:

Autonomie: Eigene Träume und Ziele bestimmen – über das eigene Vorgehen der Realisation bestimmen

Feiern: Gestaltung des Lebens und verwirklichte Träume feiern – Verlust und Abschiede feierlich begehen

Integrität: Authentizität – Kreativität – Sinnhaftigkeit – Selbstwert

Kontakt mit anderen: Akzeptanz – Wertschätzung – Nähe – Gemeinschaft – Rücksichtnahme – Sicherheit (emotional) – Einfühlsamkeit – Ehrlichkeit – Liebe – Schutz – Respekt – Unterstützung – Vertrauen – Verständnis – Wärme – Aufmerksamkeit

Nahrung für den Körper: Luft – Essen – Bewegung – Ruhe – körperliche Nähe - Sexualität – Unterkunft – Wasser

Spirituelle Verbundenheit: Schönheit – Harmonie – Inspiration – Ordnung – Frieden (aus: Marshall Rosenberg „Gewaltfreie Kommunikation“)

Bedürfnisse, bei denen Du Dich sofort angesprochen fühlst, von denen Du weißt, dass sie Dir besonders wichtig sind, geben Dir Hinweise auf Deine Werte. Ein Bedürfnis kann auch ein persönlicher Wert von Dir sein.

Werteliste

Hier findest Du eine (unvollständige) Liste persönlicher Werte. Du kannst sie mit eigenen Vorschlägen weiterführen. Wähle jetzt Deine persönlichen Werte aus und schreibe sie Dir auf! Das Notieren unterstreicht die Bedeutung, die sie in Deinem Leben haben und hilft sie in Dir zu verankern.

Achtsamkeit , Akzeptanz, Aufgeschlossenheit , Aufopferung, Aufrichtigkeit, Ausdauer, Ausgelassenheit, Balance , Begeisterung , Behutsamkeit, Bescheidenheit , Besonnenheit , Beständigkeit , Biss , Charakterstärke , Charisma, Dankbarkeit , Demut , Dienen , Disziplin , Durchsetzungsvermögen , Effektivität , Effizienz , Ehrgeiz , Eigenständigkeit , Einfühlungsvermögen, Enthusiasmus , Entschlossenheit , (Persönliche) Entwicklung , Erholung , Exzellenz, Fairness , Familie , Fantasie , Fitness , Fleiß , Fokus , Freiheit , Freude , Freundschaft , Fülle , Geduld , Gelassenheit , Genuss , Gerechtigkeit , Gesundheit , Glaube , Großzügigkeit, Güte , Harmonie , Hartnäckigkeit , Heiterkeit, Hilfsbereitschaft , Hingabe, Initiative , Integrität, Kameradschaft , Klarheit , Kooperation , Lachen, Lebenslust, Leichtigkeit , Leidenschaft , Logik , Loyalität , Lust , Mitgefühl , Nähe ,Neugier ,Optimismus ,Organisation ,Pflichterfüllung , Pragmatismus ,Präsenz , Professionalität , Pünktlichkeit , Reflexion , Sauberkeit , Scharfsinn , Schlagfertigkeit , Selbstbeherrschung , Selbstbewusstsein , Selbstsicherheit , Selbstvertrauen , Sensitivität , Sinnlichkeit , Solidarität , Sorgfalt , Sparsamkeit , Spaß , Spielen , Spiritualität , Spontanität , Stärke , Treue ,

Überzeugung , Zufriedenheit, Zuverlässigkeit , Zuversicht , Zweckmäßigkeit

Deine Erkenntnisse aus diesem Kapitel können die Grundlage bilden für eine Veränderung Deines Denkens, Fühlens und Handeln. Um Dich erfolgreich empathisch abzugrenzen und Dich damit wohl zu fühlen, ist dieses (Selbst)Bewusstsein über Dich wichtig. Das Bewusstsein Deiner Werte hilft Dir die Notwendigkeit Deiner Grenzen mit einem tiefen Verständnis zu betrachten.

5. Eigene Grenzen spüren - wie geht das?

Um Deine eigenen Grenzen wahrzunehmen ist Dein Körper Dein bester Freund. Die Wahrnehmung Deiner Körperempfindungen ermöglicht Dir Signale für Grenzen frühzeitig zu erkennen.

Was für Fähigkeiten der Körper mit sich bringt, ist uns oft nicht bewusst. Der Körper ist immer ehrlich. Bei Grenzüberschreitungen, Unwohlsein oder Krankheit sagt er: „Hallo! Ich will Dir etwas zeigen! Guck doch da mal hin, wo Du gerade (zum Beispiel) Enge, Schmerzen oder Druck spürst!"

Wenn der Körper auf eine Situation reagiert, dann will er uns auf etwas aufmerksam machen. Auch, wenn eine Grenze in Dir berührt wird. Vielleicht empfindest Du ein flaues Gefühl im Magen, in Deinem Kopf beginnt es zu rauschen oder Arme und Beine fangen an zu kribbeln. Vielleicht zieht sich auch etwas in Dir zusammen. Der Körper besitzt viele Möglichkeiten um Dir eine Grenzüberschreitung bewusst zu machen – er weiß genau, wann er beginnen muss Dich zu warnen. Der Körper ist ein Sensor, der Dich auch mit Hilfe Deiner Gefühle über Deine Grenzen informiert.

Deine Gefühle sind Dein Navigationssystem. Normalerweise wäre es also das einfachste von der Welt unsere Grenzen zu spüren. Nur leider haben die wenigsten Menschen gelernt, all ihre Gefühle zuzulassen. Um Schmerz zu vermeiden, haben wir alle schon viel zu oft Gefühle weggedrückt, verdrängt und verurteilt. Mitunter realisieren wir erst im Nachhinein, dass unser Körper uns schon in einer bestimmten Situation auf etwas aufmerksam machen wollte – wir diesen Empfindungen aber nicht getraut haben, nicht genug Raum gegeben haben, nicht nachgegangen sind. Also können wir dann auch unsere Grenzen nicht mehr eindeutig spüren, haben vielleicht sogar den Zugang zu unserem Bauchgefühl verloren.

In diesem Fall müssen wir uns wieder erinnern und lernen, unseren Sinnen und Empfindungen zuzuhören und zu vertrauen. Indem wir immer wieder bewusst mit der Aufmerksamkeit aus dem Kopf raus und in den Körper hinein gehen, können wir mehr und mehr in Kontakt mit unserem Bauchsensor kommen.

Und wenn Du beim nächsten Mal noch nicht im selben Moment wo sich ein Bauchgrummeln bemerkbar macht, darauf hörst, so gratuliere Dir aber im Nachhinein trotzdem, dass Du es immerhin schon wahrgenommen hast! Und das ist ein erster Erfolg! In der nächsten Situationen wirst Du hellhöriger sein! Wenn Dein Körper Dir dann ein Zeichen gibt, hast Du die Chance es besser zu machen und gleich darauf zu hören! Dann könntest Du zu Deinem Gegenüber sagen: „Einen Moment mal! Ich brauche etwas Zeit um darüber nachzudenken!“

Deinen Körper und Deine Gefühle bewusst wahrzunehmen hilft Dir, eine tiefe innere Ruhe zu erleben, zu Dir selbst zu kommen und somit auch Deine Grenzen zu spüren. Du brauchst keine Angst vor deinen (unangenehmen) Gefühlen zu haben. Es sind nur Gefühle, die kommen und auch wieder gehen – und Dir ein Bewusstsein über Dich selbst geben. Was magst Du? Was magst Du nicht? Wie weit willst Du bei einer Sache gehen? Wo ist Schluss für Dich? All diese Fragen beantworten Dir Deine Gefühle.

Manchmal spürst Du auch, dass Du Deine eigenen Grenzen selbst verlassen hast. Zum Beispiel kommt es vor, dass Du mit einem Menschen zusammen bist, und plötzlich Gefühle spürst, die nichts mit Deiner aktuellen Situation zu tun haben. Dann kann es sein, dass Du nun die Gefühle des Anderen stärker wahrnimmst als Deine Eigenen. In diesem Falle hast Du Deine (Gefühls)-Grenze überschritten und bist mit Deiner Aufmerksamkeit beim anderen gelandet. Um wieder zurück zu Dir zu kommen, Dich innerhalb Deiner Grenzen zu spüren, kannst Du Deine Aufmerksamkeit von der anderen Person in Deinen Körper lenken. Bewege zum Beispiel Deine Hände, laufe auf der Stelle und spüre Deine Füße. Probiere es aus und spüre Deinen gesamten Körper!

Ein weiterer Schritt Deine eigenen Grenzen kennenzulernen, ist es sich Zeit zu nehmen, Deine Erfahrungen damit aufzuschreiben. Nimm Dir Zettel und Stift und stell Dir folgende Fragen:

Was glaubst Du, was die Gesellschaft von Dir will?

Was glaubst Du wollen andere Menschen von Dir?

Wie hat dein Vater, deine Mutter NEIN gesagt?

Haben sie sich selbst an die erste Stelle gesetzt?

Welche Gedanken, welche Überzeugungen, welche Stimmen kommen Dir ins Bewusstsein?

Danach frage Dich bei jedem einzelnen aufgeschriebenen Gedanken:

Ist das auch mein Gedanke? Kann ich mir sicher sein, dass es so ist?

Wenn dann ein „Nein“ auftaucht, ist es der Beginn des Weges zu Deinen eigenen Überzeugungen.

Schau Dir Deine Antworten an. Und dann frage Dich: Entspricht das auch meinen Vorstellungen?

Wie will ich sein? Wie will ich handeln?

Daraufhin triff neue Entscheidungen, zum Beispiel:

„Ich verhalte mich jetzt entsprechend meiner Werte. Ich sage ab jetzt NEIN, wenn ich NEIN meine. Ich entscheide mich für mich.“

Und dann kannst Du als abschließenden Schritt Deine Entscheidungen notieren:

„Von nun an werde ich .... „

und diese Notiz mit Dir herumtragen um Dich täglich daran zu erinnern.

6. Grenzen sind wie Fenster

Das Wort Abgrenzung oder Grenze suggeriert bei vielen Menschen etwas Hartes, Starres, Endgültiges. Sie denken zum Beispiel an eine hohe Mauer mit Stacheldraht, wo Beziehungen zerrissen werden und andere fürchterliche Dinge geschehen. Solche Assoziationen machen es schwer, sich mit dem Thema Grenzen kreativ und liebevoll zu beschäftigen. Aber ohne Abgrenzungen können wir nicht leben. Wenn wir uns schwer tun, klare Grenzen zu setzen, werden wir auf andere Weise Distanz schaffen müssen, das Leben fordert uns immer wieder dazu auf.

Menschen, die keine Grenzen setzen können oder wollen, müssen sich trotzdem gelegentlich schützen. Oft tun sie dies, indem sie eine Art Mauer errichten.

Zum Beispiel indem sie sich gereizt, schroff oder distanziert verhalten, mürrisch reagieren, andere Menschen misstrauisch auf Distanz halten, Kontakte ohne Erklärung abbrechen oder nicht mehr ans Telefon gehen. Oder auch Zusagen machen und später Ausflüchte finden, usw. Dieses Verhalten ist kein böser Wille sondern eine Hilflosigkeit, sich empathisch, souverän und liebevoll abgrenzen zu können. Oder es handelt sich um eine Angst vor den Konsequenzen nach einer klaren Positionierung.

Eigene Grenzen können Orte von Begegnungen und Konflikten sein, die Dir die Chance geben, in Deiner Persönlichkeit und Deinem Bewusstsein zu wachsen. Dazu musst Du keine Mauer errichten, sondern kannst eine andere Möglichkeit der Betrachtung wählen:

Für eine empathische Abgrenzung kannst Du Dir eine Grenze als Fenster oder Tür vorstellen, die sich schließen und auch wieder öffnen lässt. Fenster lassen auch noch eine Sicht auf die Welt draußen zu. Für eine Abgrenzung schließt Du einfach das Fenster, um Dich in Dein Reich zurück zu ziehen. Diesen Raum für Dich kannst Du sinnvoll nutzen, um zu einer neuen Betrachtungsweise zu gelangen, Kräfte zu sammeln, Dich vielleicht auch neu innerlich auszurichten. Und wenn Du dann Dein Fenster zu einem späteren Zeitpunkt wieder öffnest, sieht sowohl Deine Welt als auch die Welt im Außen anders aus, weil Du Deine Sicht darauf verändert hast.

Empathische Grenzen sind, im Gegensatz zu Mauern, durchlässig. Auch ein Zaun kann eine Grenze darstellen und hilft uns, einen entspannten Blick auf das Thema zu richten: Am Zaun ist noch vieles möglich: Du kannst Dich über den Zaun hinweg mit dem Nachbarn unterhalten. Der Wind kann noch durch die Zaunlatten streichen, Du kannst Besucher durch die Tür einladen. Kleine

Tiere können hindurch schlüpfen. So kann eine empathische Grenze aussehen! Wir bleiben in Kontakt mit dem Gegenüber. Über den sicheren Zaun hinweg, ohne die Angst, dass der andere plötzlich zu nahe ist und womöglich etwas kaputt macht, plaudert es sich viel entspannter. Und die Tür kann jederzeit – aber nur von innen – geöffnet werden.

Ein eigenes Heim mit vielen Fenstern oder ein (durchlässiger) Gartenzaun ist für alle etwas Erfreuliches. Damit zeigt der Eigentümer sowohl Selbstbewusstsein als auch Verantwortungsgefühl. Grenzen können dichter oder durchlässiger sein, je nach den eigenen Bedürfnissen, aber sie brauchen die Sicht auf die Außenwelt nicht zu verstellen.

7. Chance von Grenzen

Siehst Du die Chancen, die Abgrenzung Dir bietet? Indem Du Dich für Dich einsetzt, entsteht ein großes Potential an Wachstum und Entwicklung. Wenn Du in der Lage bist, Dich empathisch und souverän abzugrenzen, wirst Du automatisch stärker. Andere Menschen nehmen Dich wahr. Sie nehmen Dich ernst und hören Dir zu! Und:

Menschen mit Rückgrat, die präsent sind, die zu ihren Überzeugungen stehen, werden von ihrem Umfeld als attraktiv wahr genommen – weil sie authentisch sind. Und genau darin liegt eine weitere Chance der Abgrenzung: Deine Beziehungen zu anderen Menschen werden ehrlicher und authentischer, wenn Du Deine Grenzen kommunizierst. Erst dann ist wahre Nähe möglich. Dein Gegenüber weiß dann ganz genau, was mit Dir möglich ist und was nicht. Gleichzeitig lädst Du sie oder ihn dazu ein, ebenso ehrlich und authentisch zu sein. Das schafft Vertrauen, die eine tiefe Bindung ermöglicht – oder aber zu einer natürlichen Distanz führt, die vorher vielleicht durch angepasstes

Verhalten vertuscht wurde.

Jemand sagt etwas, dass Dich ärgert? Dann teile es der Person mit und füge hinzu, was Du Dir wünscht. Menschen wissen vielleicht nicht, was Du wirklich willst. Sie übertreten in der Regel nicht vorsätzlich Deine Grenzen. Meist gehen alle einfach den Weg des geringsten Widerstandes. Vielleicht haben sie nicht darüber nachgedacht, sondern möchten einfach ohne Hindernisse an ihr Ziel kommen.

Wenn es Dir schwer fällt NEIN zu sagen, lädst Du andere dazu ein, immer wieder in Deine Bereiche vorzudringen, Dich immer wieder um einen Gefallen zu bitten. Das werden sie eher tun, wenn sie bei Dir keinen Widerstand erwarten.

Vielleicht ist Dir das selbst auch schon passiert. Sicherlich weißt Du genau, wen Du für eine Problemlösung als Erstes um Hilfe bittest. Jemand, der gerne JA sagt und Dir hilft. Du meinst es nicht böse – und genauso meint es niemand mit Dir böse, der Deine Grenze übertritt.

Alle versuchen nur, glücklich zu sein und ihre eigenen Bedürfnisse zu befriedigen. Wenn Du daran denkst, zeigst Du Empathie, anstatt Verurteilung. Der andere Mensch weiß es im Moment nicht besser. Verurteilst Du ihn, staut sich Wut in Dir an und ein Konflikt ist vorprogrammiert.

Wenn Du aus echtem Mitgefühl eine Grenze setzt, dann wird sich Dein NEIN viel weicher und entspannter anfühlen und auch besser ankommen! Das kann sich zum Beispiel so anhören:

„Nein, ich kann verstehen, dass du gerne meine Hilfe haben würdest. Aber ich muss freundlich ablehnen."

Sende klare Botschaften. Damit wertschätzt Du Dich und kannst Wertschätzung von anderen erfahren. In dem Du für Dich sorgst, können andere ebenso für Dich da sein. Zudem lädst Du andere Menschen dazu ein, es Dir gleich zu tun und auch selbst authentisch zu sein und gut für sich zu sorgen. Wenn sie Deine Grenzen kennen, dann haben sie die Chance diese zu achten und zu respektieren.

Auch kannst du den anderen zu Empathie Dir gegenüber einladen:

“Wenn ich dir jetzt helfen würde, dann müsste ich wichtige eigene Aufgaben vernachlässigen.”

In diesem Kapitel hast Du die vielfältigen Möglichkeiten kennengelernt, die eine liebevolle Abgrenzung bietet. Wir wachsen innerlich und werden selbstbewusster, wenn wir uns klar und empathisch ausdrücken. Wir sind einfühlsam für uns, sehen unsere Möglichkeiten und genauso sehen wir die der anderen. Das ist Empathie, die beiden Seiten hilft.

8. Verschiedene Ebenen der Abgrenzung

Willst Du souverän und ohne Schuldgefühle NEIN sagen können, wenn Du etwas nicht willst? Wenn eine Bitte an Dich herangetragen wird, die Du nicht erfüllen kannst? Wünschst Du Dir selbstverständlich für Dich selbst einzustehen, Deine Meinung zu vertreten, auch wenn sie anders ist als die der anderen?
Das ist auch für Dich alles möglich. Verschiedene Möglichkeiten und Ebenen der Abgrenzung helfen Dir dabei. Empathisch und erfolgreich abgrenzen kannst Du Dich auf verschiedene Art und Weise.
Es gibt sowohl eine äußere, zum Beispiel der Wünsche und Ansprüche anderer an uns, als auch eine innere Abgrenzung, wie zum Beispiel die Abgrenzung von einem Zuviel unserer Wahrnehmungen, oder auch der Gefühlswelt anderer Menschen.

Häufig begegnen uns Wünsche von nahestehenden

Menschen oder Arbeitskollegen, bei denen uns bewusst wird, dass wir nicht in der Lage sind, sie zu erfüllen, wenn wir uns selbst ernst nehmen. Hilfreich bei dieser Form der äußeren Abgrenzung ist eine klare Kommunikation, die durch Sprache, Haltung, Mimik oder Gestik ausgedrückt werden kann.
Besonders im Gebrauch der Sprache macht auch hier der Ton die Musik! Mit einem freundlich vorgebrachten NEIN, dass vielleicht sogar mit einem Gegenvorschlag verknüpft ist, kannst Du eher im freundlichen Kontakt bleiben als mit einem säuerlichen „Ja".Eventuell weckt es sogar beim Gegenüber Schuldgefühle, oder Du musst später doch absagen, weil Du Deine Zustimmung aus Kräfte- oder Zeitmangel nicht einhalten kannst.
Wie kannst Du also auf eine empathische Art NEIN sagen?
Indem Du Dir zuerst dieses NEIN auch tatsächlich selbst zugestehst. Indem Du JA sagst zu Dir, so wie Du bist.
Solange wir unsere eigene Beeinflussbarkeit und geringe Belastbarkeit als Hindernis empfinden, wird uns das NEIN schwerer über die Lippen kommen, weil wir uns minderwertig fühlen und uns nicht das Recht eingestehen, unsere Bedürfnisse und Grenzen ernst zu nehmen. Da hilft nur die Auseinandersetzung mit uns selbst, mit unseren Glaubenssätzen, die wir hinterfragen können, um Schritt für Schritt zu lernen, dass wir richtig sind, so wie wir sind. Das unsere Belastbarkeit eben der Grad unserer Belastbarkeit ist und wir uns damit ernst nehmen - immer wieder, bis es uns in Fleisch und Blut übergegangen ist. Es ist ein Prozess, den wir durch wiederholtes „Training" vereinfachen, und an dem wir uns selbst näher kommen, ehrlich zu uns selbst sind, und damit unsere eigenen Ziele

erreichen und selbstbestimmt und frei leben zu können.
Eine Möglichkeit ist es, eine Zeit lang zur Übung möglichst oft als erste Reaktion NEIN zu sagen. Ein NEIN später in ein JA umzuändern ist viel leichter, als umgekehrt. Mit der Zeit wirst Du dann besser und schneller spüren, wo Deine Grenzen sind. Dies bietet sich besonders an, wenn jemand immer wieder Deine Grenzen übertritt. Vielleicht liegt es daran, dass Du nicht schnell genug merkst, wann eine Grenze überschritten wurde und daher bisher nicht schnell und eindeutig reagiert hast.
Die Grundlage für ein NEIN ist ein innerer Konflikt mit unseren Werten, Zielen und Bedürfnissen. Wenn ein Wunsch von außen mit unseren Werten und Bedürfnissen harmoniert, fällt es uns leicht, JA zu sagen.
Wenn wir jedoch spüren, dass ein an uns herangetragener Wunsch nicht unserem inneren System entspricht, ist es ehrlich, wenn wir mit einem NEIN antworten.
Wie wir das NEIN aussprechen, hängt vom jeweiligen Kontext ab, zum Beispiel: Wie stehst Du in Beziehung zu der Person, zu der Du Nein sagen möchtest? Besteht vielleicht eine berufliche Hierarchie?
Es gibt 6 Stufen, ein NEIN auszusprechen:

1. Diplomatisches NEIN – „Ja, ich würde gern, aber jetzt geht es nicht!“ Hierbei soll ein Konflikt vermieden werden.
2. Ironisches NEIN – das eigentlich JA meint.
3. Zögerliches NEIN – „Ich glaube eher nicht .“ Das drückt eine Unsicherheit bei Entscheidungen aus und versucht auch, einen Konflikt zu vermeiden.
4. Klares NEIN – Jetzt ist die Bereitschaft vorhanden, auch einen Konflikt einzugehen, zum

Beispiel, wenn ich meinen Zielen eine größere Priorität gebe, als denen meines Gegenübers.
5. Unumstößliche NEIN - „Auf gar keinen Fall!" Um so zu reagieren, muss ich mir meiner Werte bewusst sein.
6. Eskaliertes NEIN– Dies bezieht sich auf unsere Bedürfnisse und Grundwerte, zum Beispiel wenn es um die körperliche Unversehrtheit geht.

Erst das klare NEIN wird vom Gegenüber sofort ernst genommen. Trotzdem können wir liebevoll auf uns schauen und uns auf die Schulter klopfen, wenn wir vielleicht zum ersten Mal überhaupt NEIN sagen können, auch wenn es ein zögerliches NEIN ist. Das ist ein Fortschritt, wenn wir früher an dieser Stelle noch mit einem unguten Gefühl JA gesagt haben. Wir üben mehr und mehr zu uns selbst zu stehen und mit der Zeit wird uns das klare NEIN, das wir auch so meinen, immer leichter über die Lippen kommen.

Die äußere Abgrenzung kann jedoch auch durch einen eindeutigen Blick, eine verneinende Geste oder ein freundliches Kopf schütteln ausgedrückt werden. Nicht immer benötigen wir dazu die Sprache. Dazu müssen wir überzeugt sein von unseren eigenen Grenzen. Wichtig für eine empathische Kommunikation ist, dass es uns leichter fällt, uns souverän und liebevoll abzugrenzen, wenn wir auch innerlich klar und liebevoll von dem NEIN überzeugt sind. Und auch das kann man üben, indem Du Dir Deine Werte und Bedürfnisse vor Augen hältst.

Innere Abgrenzung

Nicht nur durch eine klare Kommunikation kannst Du Dich abgrenzen. Auch innerlich gibt es Möglichkeiten der Abgrenzung.
Wichtigster Punkt ist dabei, dass Du Dir ganz genau darüber im Klaren bist, was Du willst und was Du nicht willst. Diese innere Klarheit und die daraus resultierenden, entsprechenden Handlungen schaffen die Grundlage für eine erfolgreiche Abgrenzung. Wenn Du selbst JA zu dir sagst, mit all Deinen Bedürfnissen und Eigenschaften, beginnst Du auch immer öfter zu fühlen, dass Du richtig bist. Vielleicht hast Du bisher immer versucht, ein besonders netter Mensch zu sein, damit die anderen Dich gern haben. Fakt ist jedoch, dass Dich niemals alle gern haben werden. Es wird immer jemanden geben, dem Deine Ausdrucksweise nicht gefällt, oder Deine Nase, oder Deine ruhige Art.... Wichtig ist, dass Du Dich selbst gern hast. Du bist nicht auf der Welt, um die Erwartungen der anderen zu erfüllen. Du entwickelst mentale Stärke, wenn Du Dich nach Dir richtest, und nach der Frage: "Was will ich denn eigentlich?", und Deine Antwort in Deinem Leben umsetzt. Das kann auf eine gewisse Art respektlos aussehen. Aber Du bist nicht abfällig, sondern öffnest die Augen, und machst Dir Dein eigenes Bild von einer Situation, und wie Du Dich darin verhalten willst.

Auf der mentalen Ebene gibt es zudem andere Möglichkeiten, die sehr hilfreich sind:

Visualisieren

Du weißt ganz genau wie Dein Idealzustand aussieht und kannst Dir das ganz bildhaft mit den entsprechenden Gefühlen vorstellen und empfinden. Dafür braucht es eine klare Vision davon, wo du hinwillst! Dies ist sehr hilfreich, weil das Gehirn nicht unterscheiden kann zwischen Realität und Traum. Es nimmt alles als bahre Münze: Sowohl Deine Tagträume als auch Deine Realität. Das heißt, sobald Du Dir vorstellst, wie Du es gerne hättest, denkt das Gehirn, es ist schon so. Es braucht eine Vision, um neue Wege zu gehen und damit Probleme zu lösen. Eine Vision, um alte Muster zu durchbrechen. Denn es ist unmöglich immer das Gleiche zu machen und dabei ein neues, besseres Ergebnis zu verwirklichen. Wenn Du Dir also neue Vorgehensweisen und Resultate vorstellen kannst, dann ist das ein großer Schritt in diese Richtung!

Zudem benötigt das Gehirn neue Ideen und Gedankengänge, sonst greift es auf alte Wege und alte Muster zurück und bietet diese an, wenn Handeln gefordert ist. Außerdem steuert es unsere Gefühle und liefert über die Gedanken auch Energie. Widerstand gegen das was ist kostet Energie. Wenn Du Dich jedoch gedanklich auf Deinen Idealzustand ausrichtest, kann Energie freigesetzt werden. Eine Vision zu haben, wie Dein Leben aussehen soll, wie die Menschen mit Dir umgehen sollen, ist sehr wichtig und führt auch zu einer erfolgreichen Abgrenzung.

Deinen Idealzustand, Deine Vision zu kreieren, kannst Du zum Beispiel folgenderweise machen:

Nimm Dir extra Zeit und Ruhe für Dich – vielleicht

mit einem leckeren Getränk, Zettel und Stift oder Schere und Kleber.
Du kannst ein Visionboard herstellen, für das Du Dir Fotos aussuchst, zum Beispiel aus Zeitschriften, und damit ein Bild gestaltest mit dem Titel:
So soll mein Leben aussehen.
Du kannst aber auch Deine Vision, Deinen Idealzustand aufschreiben. Verfasse dazu einen Text mit dem Titel: Mein perfektes Leben.
Dafür ist es wichtig, immer positive Formulierungen zu verwenden, zum Beispiel: Ich nehme meine Gefühle wahr – anstatt: Ich will nicht mehr die Gefühle der anderen wahrnehmen.

Gedankliches STOPP einsetzen

Eine weitere Möglichkeit ist es, gedanklich ein STOPP einzusetzen, wenn Du zum Beispiel merkst, dass Du mit Deiner Aufmerksamkeit und Energie bei den äußeren Begebenheiten bist. In dem Moment, wo Du das wahrnimmst, kannst Du innerlich STOPP sagen und hinzufügen: „Und jetzt bin ich wieder bei mir. Jetzt bin ich wieder ...... (Deinen Namen einfügen).“ Damit grenzt Du Dich von zu viel Außenwahrnehmung ab und kommst wieder zur Wahrnehmung von Dir selbst zurück!

Energetische Abgrenzung

Eine weitere wichtige innerliche Abgrenzung ist eine energetische Abgrenzung. Vielleicht kennst Du Menschen, in dessen Gegenwart Du Dich schnell müde und ausgelaugt fühlst. Sie scheinen Dir Deine Energie zu rauben.
Wenn Du das wahrnimmst, kannst Du innerlich STOPP sagen und Dich dafür entscheiden, in Deiner eigenen Energie zu bleiben. Vielleicht gehst Du dazu kurz aus dem Raum und lenkst Deine Aufmerksamkeit wieder auf Deinen eigenen Körper. Du kannst Dich bewegen und ihn wahrnehmen, in Dich hinein fühlen, vielleicht auch Deinen Körper abklopfen. Dann kannst Du Dir noch vorstellen, dass Deine Körperzellen Hufeisenmagnete sind und Du die (Zell)-Magnete jetzt nach oben ausrichtest und damit zum Beispiel Energie aus dem Himmel ansaugst.
Ziel ist es, Dein Energielevel unabhängig von Außen zu steuern. Du grenzt Dich damit gegen Energieraubende Situationen ab und sorgst für eine gedankliche Neuausrichtung, die Dir Energie gibt.

Emotionale Abgrenzung

Auch auf der emotionalen Ebene kannst Du Dich innerlich abgrenzen:
Fühle Deine Gefühle! Sobald Du mit Deiner Aufmerksamkeit nach innen zu Deinen Gefühlen gehst, bist Du nicht mehr mit der Außenwelt beschäftigt, sondern grenzt Dich durch Deine Innenwahrnehmung vom Außen ab. Dazu kannst Du Deine Aufmerksamkeit in den Bauchraum lenken. Was nimmst Du dort wahr? Was sind für Gefühle vorhanden? Ist es dort ganz ruhig und entspannt, oder kribbelt es und fühlt sich nicht besonders gut an?
Es ist wichtig, mit allen Gefühlen, die auftreten können, umgehen zu lernen. Das geht, indem Du Dir klar machst, dass alle Gefühle kommen und auch wieder gehen. Du hast das tausendfach in Deinem Leben erlebt. Du hast Dich sehr über etwas geärgert und manchmal schon nach kurzer Zeit wieder über etwas anderes lachen können.
Die eigenen Gefühle zu fühlen hilft Dir besonders, wenn Du dazu neigst, auch die Gefühle der anderen zu fühlen, quasi in deren Gefühlswelt hineingezogen zu werden. Sobald Du mit Deiner Aufmerksamkeit wieder bei Dir in Deinem Körper bist, Dich selbst fühlst, grenzt Du Dich innerlich von den anderen ab. Wenn Du plötzlich traurig wirst, obwohl es keinen offensichtlichen Grund dafür gibt, kann es sein, dass Du Gefühle von jemand anderem wahrnimmst. Dann ist es um so wichtiger, dass Du mit Deiner Aufmerksamkeit in Deinen eigenen Körper zurück gelangst. Du kannst trotzdem in Verbindung mit dem Menschen bleiben und weiter auf Dein Bauchgefühl achten. Nimm es einfach nur wahr. Mache Dir bewusst, dass es nichts mit Dir zu tun hat

und dass es genauso wieder verschwindet, wie es gekommen ist. Bleibe weiter in Verbindung mit Deinem Körper und Deinem Atem und stelle Dir dabei vor, wie die gesamte fremde Energie von Dir abfließt.
Auch Ängste helfen Dir Deine Grenzen zu erkennen. Sie sind Dein Wegweiser und eine wunderbare Hilfe. Sie zeigen Dir, wo Deine Grenzen übertreten werden oder in der Vergangenheit übertreten wurden. Eigene Ängste sind nicht belanglos und sollten nicht übergangen werden. Sie halten eine Botschaft für Dich bereit, wenn Du Dich mit ihnen auseinander setzt. Und sie helfen Dir daraufhin, einen neuen Weg einzuschlagen.

9. Schwierigkeiten Beim Abgrenzen

Wenn Du Dich nun für einige Änderungen in Deinem Leben entschieden hast und Dich bewusst abgrenzen willst, kann es natürlich auch passieren, dass Deine neuen Verhaltensweisen nicht sofort von anderen akzeptiert werden. Nicht aufgeben! Nicht nur Du, sondern auch die anderen müssen sich erst an Dein neues Verhalten gewöhnen.

Es kann verschiedene innere Gründe geben, warum Deine neuen Wege nicht sofort zum gewünschten Erfolg führen.

- Du fühlst Dich schuldig wenn Du NEIN sagst
- Du hältst Grenzen für lieblos
- Gefühl von Machtlosigkeit

- schlechte Vorbilder
- Du hast Angst, andere Menschen zu verlieren
- Du hast Angst, andere Menschen zu kränken oder deren Rechte zu beschneiden
- Selbst keine Grenzen akzeptieren können u.v.m.

Diese inneren Widerstände, die Dir vielleicht erst mal gar nicht bewusst sind, werden Dir von Deinem Umfeld vor Augen geführt, indem sie Deine Grenzen nicht sofort akzeptieren. So hast Du die Chance, Dich ihnen zu widmen und zu ändern.

Besonders, wenn Du Dich in lange bestehenden Beziehungen plötzlich anders verhältst, in denen Deine Grenzen bisher nicht ausreichend gesehen und respektiert wurden, kann es sein, dass Du auf Widerstand stößt:

Das kann sich so anhören:

- „Was ist denn mit Dir los?“
- „Oh nein, tu mir das nicht an!“
- „Was hast Du denn auf einmal?“
- „Ich dachte, wir sind Freunde“
- „Von engagierten Mitarbeitern erwarte ich aber ...“ u.v.m.

Diese Hindernisse durchzuarbeiten und zu überwinden braucht Zeit und manchmal auch kompetente Hilfe. Egal, wie Dein Weg aussieht: Es ist sehr lohnend, wenn Du Dich diesen Themen stellst.

Dafür kannst Du Dir einige Fragen stellen und ehrlich beantworten:

Was sind meine Ängste, wenn ich mir vorstelle, meine Grenzen deutlich zu machen?

Habe ich Angst, jemanden zu verletzen?

Habe ich Angst vor dem Alleinsein?

Habe ich Angst, meine Grenze nicht verteidigen zu können und versuche es deswegen lieber gar nicht?

Kann ich mir selbst gegenüber Grenzen setzen, die mir Sicherheit geben und meine Entwicklung unterstützen? Fällt es mir leicht, mir meine Bedürfnisse zu erfüllen, oder nutze ich Ersatzhandlungen wie zu viel essen, zu viel fernsehen, u.s.w. Behandel ich mich selbst liebevoll?

Versuche ich, emotionalen Schmerz zu vermeiden, indem ich Klarheit vermeide?

Stell Dir vor, Du sagst NEIN oder NICHT JETZT oder SO NICHT. Was passiert, wenn Du plötzlich so reagierst? Wie fühlst Du Dich?

Übung macht den Meister

NEIN sagen lernen ist ein Prozess. Wenn Du Dein Leben lang zurückgesteckt hast, kann sich das am Anfang ungewohnt anfühlen. Ängste können hochkommen. Es kann sogar passieren, dass Du es Dir fest vornimmst NEIN zu sagen, und dann doch wieder in alte Muster zurück fällst. Die Unfähigkeit, NEIN zu sagen sitzt oft tief und braucht daher Zeit für eine Veränderung.

Vielleicht ist Dein NEIN am Anfang auch noch zögerlich, weil Dich dieses neue Verhalten verunsichert. Ein VIELLEICHT..., EVENTUELL, ... WOMÖGLICH erschwert den Erfolg und ist oft unangemessen. Sobald Du Deinen Standpunkt aufweichst, um die Stimmung zu retten, wird Deine Position unklar und sofort viel weniger ernst genommen.

10. .... und wie Du ihnen begegnen kannst

Was, wenn Deine Grenzen nicht respektiert werden? Nachdem Du es endlich geschafft hast NEIN zu sagen, musst Du feststellen, dass Dein Gegenüber diese vielleicht nicht sofort akzeptiert. Dafür gibt es keine Patentlösung, die für jeden Menschen in jeder Situation funktioniert. Dennoch findest Du im Folgenden einige Inspirationen und Hinweise, die Du je nach persönlicher Situation anwenden kannst.

Geh davon aus, dass die Menschen Dir nicht schaden wollen. Sie sind es bis jetzt nicht gewohnt gewesen, von Dir ein NEIN zu hören und möchten den alten Zustand wiederherstellen. Vielleicht war dieser komfortabler für sie.
Und auch für Dich ist es ein neuer Weg, den Du bisher vielleicht vermieden hast, weil Dich unangenehme Konsequenzen ängstigten.

Für Deine Grenzen einzustehen ist eine Lebenseinstellung. Deine Ängste hatten lange Zeit das Zepter in der Hand. Wenn Du jetzt bereit bist, Dich ihnen zu stellen, ist das ein wichtiger Schritt, der Zeit und Dein Verständnis für Dich benötigt. Wichtig ist, dass du dranbleibst und kleine Erfolge würdigst. Es bringt nichts, einmal allen Mut zusammenzunehmen und das größte NEIN Deines Lebens auszusprechen – um dann zu denken, es sei alles geregelt.
Einfacher geht es, wenn Du bei kleinen Dingen anfängst. Suche Dir am besten Situationen, die nicht so viel emotionale Ladung in Dir erzeugen und übe hier, NEIN zu sagen. Steigere Dich langsam und taste Dich an die Themen heran, die ein wenig herausfordernder wirken. Vielleicht fällt es Dir auch am Anfang leichter, Deine Grenzen schriftlich mitzuteilen. Schreibe zum Beispiel eine kurze Botschaft mit wenigen, klaren Worten. Geh den Weg, der für Dich am stimmigsten ist.

Eine klare Kommunikation

Es gibt beim Thema Abgrenzung kaum etwas Wichtigeres, als klar und deutlich zu kommunizieren. Mit einer kurzen, klaren Botschaft trittst Du auch souverän auf. Versuche nicht es abzumildern, weil Du von anderen dann nicht ernst genommen wirst. Dafür musst Du kein knallhartes und unumstößliches NEIN sagen, sondern es als Fenster betrachten, was Du jetzt schließt und später auch wieder öffnen kannst. Nach einer Pause hast Du auch die Wahl, das Fenster einen Spalt zu öffnen und gemeinsam mit Deinem Gegenüber nach einem Kompromiss zu suchen. Wenn jemand Deine Grenzen jedoch massiv verletzt, dann ist auch eine deutliche Reaktion nötig. Dazwischen gibt es eine Menge Grautöne.
Du musst dafür nicht Deine Stimme erheben, damit Menschen dich ernst nehmen. Wenn Du klar, langsam und deutlich sprichst, ist das ausreichend.

So kannst Du mit Widerstand auf Dein NEIN beim Gegenüber eingehen:

Wenn Dein Umfeld mit Unverständnis reagiert, weil Du plötzlich Deine Grenzen deutlich gemacht hast, kannst Du selbst im besten Falle mit Verständnis reagieren, zum Beispiel:
„Ja. Das bist Du nicht gewohnt von mir! Ich bin nach wie vor Dein Freund (oder je nachdem in welchem Kontext Du zu der Person stehst). Und das kann ich jetzt nicht tun."
Geh dem Konflikt nicht aus dem Weg, das macht es nur schlimmer. Einmal musst Du sowieso durch die Konsequenzen dieses Neuanfangs durch. Und wenn die Beziehung zu der Person echt und tief ist, wird sie einen Konflikt überstehen. Dazu kannst Du Dir die Szene vorab auch erst einmal visualisieren und in Gedanken durchspielen. Stelle Dir einfach bildlich vor, wie Du eine Grenze ziehst. Dabei kannst Du üben, wie Du beim nächsten mal ruhig und gelassen NEIN sagst. Das ist eine entspannte Sache, weil in Deiner Vorstellung Dir niemand die Freundschaft kündigen wird. Oder Du übst genau diese Situation mit einem vertrauten Menschen und spielst sie vorab als Szene durch. Bewege Dich so selbstbewusst und ruhig, wie Du Dich bewegen willst. Sprich so klar, liebevoll und deutlich, wie Du sprechen willst - mit Verständnis für Dich und Empathie für die andere Person. Damit kreierst Du vorab eine positive Erfahrung, auf die Dein Verstand später zurückgreifen kann.
Empathie gelingt nur, wenn wir zuerst Verständnis für uns selbst haben. Solltest Du selbst noch Groll

empfinden, kannst Du nicht verständnisvoll auf den Ärger des anderen reagieren. Zuerst brauchst Du dann das Verständnis für Deinen eigenen Groll. Wenn Du Dich in einem Konflikt wiederfindest, kannst Du auch tief durchatmen und Dir eine Pause nehmen, zum Beispiel: „Ich komme wieder. Jetzt muss ich mich erst mal beruhigen.“

Eine weitere Möglichkeit ist es, auf eine verbale Attacke zu reagieren, indem Du Dein Gegenüber wissen lässt, wie Du Dich fühlst, zum Beispiel:
„Das hat mich geärgert (verunsichert, getroffen oder ähnliches)!“
Mehr musst Du erst mal nicht dazu sagen. Allein diese Offenheit kann schon wieder eine Veränderung beim Gegenüber auslösen.
Und höre nicht auf die Leute, die sagen, Du solltest alles so weiter machen wie bisher. Sie beschreiben nur ihre eigene Unfähigkeit und eingeschränkte Möglichkeiten. Wenn Dir jemand etwas rät, ist das ein Ratschlag, der für ihn stimmig ist, der aber nicht zwangsweise für Dich passt.
Achte darauf, dass Du selbst die Grenzen der anderen respektierst. Auch das kann Ängste auslösen, weil Du vielleicht denkst, dass Du nicht mehr alles bekommst, so wie Du es Dir wünscht. Auch unaufgefordert Ratschläge zu verteilen, kann Grenzen bei jemand anderem übertreten. Genauso wie Du akzeptiert werden möchtest wie Du bist, möchten das auch die anderen. Das ist besonders in engen Beziehungen oft nicht einfach. Doch jeder Erfolg in dieser Richtung macht es Dir leichter, Deine eigenen Grenzen mit Selbstbewusstsein zu vertreten.

Manchmal brauchen wir Unterstützung

Besonders dann, wenn unsere Grenzen bereits in der Kindheit massiv verletzt wurden, wird es sehr schwer sein, dem inneren und äußeren Druck bei einem Neuanfang mit klaren Grenzen standzuhalten. Dann können Schuldgefühle, Selbstzweifel oder gar Existenzängste auftreten. Auch hier hilft nur eine Auseinandersetzung mit diesen Ängsten, eventuell mit professioneller Hilfe. Aber auch Dein Partner, Deine Freunde, die Dich auf Deinem neuen Weg unterstützen, können eine wertvolle Hilfe sein, genauso wie ein Coach, Therapeut oder Lebensberater. Das hilft Dir, um den inneren Druck zu heilen und dem äußeren Druck zu widerstehen. All dies kann ohne Hilfe sehr schwer sein. Mit liebevoller Begleitung jedoch ist es ein wichtiger Schritt zur Heilung und Selbstbestimmung.

Übernehme die Verantwortung für das, was in Deinem Leben geschieht. Klare Grenzen werden nicht nur Dir, sondern auch den Menschen um Dich herum helfen, das richtige Maß an Verantwortung zu übernehmen, und eine realistische Einschätzung der eigenen Möglichkeiten zu erlangen.

11. Wie grenze ich mich empathisch ab?

Eine empathische Abgrenzung beinhaltet immer eine verständnisvolle Sicht auf die Situation. Sowohl auf Dich als auch auf das Umfeld oder Dein Gegenüber. Du willst keinen Kampf ausfechten, sondern Dich auf eine liebevolle Art selbst behaupten. Besonders für hochsensible Menschen, die häufig über eine große Empathie verfügen, ist eine empathische Abgrenzung sehr hilfreich.

Dienlich dafür ist auch ein Perspektivwechsel, wenn Dein System beim Begriff: Abgrenzung rebelliert.

Wie empfindest Du den Ausdruck: Liebevolle Selbstbehauptung?

Wenn er Dich friedlich macht, ist es die stimmigere Variante für Dich.

Empathisch bedeutet in diesem Fall, liebe- und verständnisvoll zu sein für alle Beteiligten. Dann führt der Weg nicht über den Kopf, sondern über Dein Herz. Wenn Du Dir vorstellst, dass es bei dem ganzen Thema um Liebe geht - um Liebe für Dich selbst und um Liebe für das Außen, den anderen. Für Deinen neuen Weg findest Du die Balance zwischen Deiner Selbstliebe und Deinem Mitgefühl für andere. Dadurch kann Abgrenzung aus der Verbundenheit erwachsen und zu einem stimmigen Miteinander führen. Zudem ist es ein liebevoller Akt, wenn Du einem Menschen, der sich übergriffig benimmt, die Grenzen seines Verhaltens aufzeigst. Aus so einer Situation können beide Seiten etwas lernen.

Liebevolle Selbstbehauptung hört sich vielleicht auch friedvoller, weicher, wärmer und entspannter an. Kann sich Dein System mit diesem Blickwinkel beim Wort Abgrenzung entspannen?

Selbstverständlich setzt auch eine liebevolle Selbstbehauptung voraus, dass Du spürst, wann Deine Grenzen erreicht sind und wann es für Dich JA oder NEIN zu sagen gilt. Aber wenn Du mit Deinem Herzen auf die Situation siehst, Liebe fühlst, löst sich sehr viel Anspannung. Du wirst weit und weich und bist mit Deiner höheren Weisheit verbunden. Im Einklang mit Deiner höheren Weisheit oder Seele oder göttlichen Quelle, findet sich eine Lösung für Deine liebevolle Selbstbehauptung - und zwar zum Wohle aller. Eine Lösung, bei der es keine Verlierer gibt.

Eine Frage, die Dich in diese Sichtweise führen kann ist: Was würde die Liebe jetzt tun? Würde die Liebe sich von jemandem herumkommandieren oder ausnutzen lassen?

NEIN.

Sie würde dafür sorgen, dass die Situation zum Wohle aller geregelt wird.

Mit dieser liebevollen Sichtweise kann es nach wie vor Auseinandersetzungen geben, die jedoch dazu dienen, dass wir uns entwickeln und daran wachsen. Das Herz sieht die Dinge anders. Es zeigt uns liebevoll auch unsere eigenen Begrenzungen und was wir in einer Auseinandersetzung mit einem anderen Menschen lernen können. Und gleichzeitig kann es uns zeigen, was unser Gegenüber dazu bewegt haben könnte, zu handeln wie er gehandelt hat und schenkt uns Mitgefühl und Verständnis.

Ein NEIN, das in Liebe und Mitgefühl für uns und den anderen ausgedrückt wird, kann in der Regel besser ausgesprochen und auch angenommen werden. Es entfaltet eine ganz eigene Kraft, die nicht zum Widerstand, sondern zum Finden eines gemeinsamen Konsenses einlädt. Unser Herz und die dort wohnende Liebe helfen uns das anzunehmen, was ist.

Liebe ist so viel stärker und weiser als jeder Abgrenzungskampf. Sie belässt die Dinge bei uns, die zu uns gehören und verweist Fremdes an seinen eigenen Platz. Und das in einem Gefühl der Verbundenheit, des Verständnisses, des Respekts und des Mitgefühls. Damit können wir ehrlich und authentisch sein, gut für uns sorgen und gleichzeitig in Verbindung mit den anderen bleiben.

Du kannst Dich empathisch auch aus der Gefühlswelt anderer Menschen abgrenzen.

Das Zaubermittel neben dieser liebevollen Sicht und dem Fokus auf das Herz, ist der Körper!! Er sagt Dir genau wann eine Grenze erreicht ist. Du kannst es spüren, wenn sich zum Beispiel etwas in Dir zusammenzieht oder Du Druck oder Enge spürst. ACHTUNG!, sagt der Körper! HIER STIMMT ETWAS NICHT! Das ist der richtige Moment um inne zu halten, eventuell auch die Situation zeitweise zu verlassen, um sich darüber klar zu werden, was nun hilft, um wieder ein Wohlgefühl zu erreichen. Du bleibst dabei im Mitgefühl für Dich und handelst dann nach der Entscheidung, die wieder Weite und Wohlgefühl im Körper erzeugt. Dies kann zum Beispiel eine temporäre Auszeit von einer Person sein, ein Rückzug an einen Ort, an dem Du loslassen und entspannen kannst, oder auch die Frage an Dein Gegenüber: „Wie fühlst Du Dich?“, wenn Du in die Gefühlswelt eines anderen Menschen eingetaucht bist. Wenn diese andere Person darauf ausweichend oder einfach nur mit „Gut!“ antwortet, kannst Du von Deiner eigenen Wahrnehmung berichten, z.B. „Ich nehme eine Traurigkeit an Dir wahr.“, um Offenheit in die Situation zu bringen.

Eine weitere Möglichkeit ist es, dass Du ganz bewusst auf „Senden“ anstatt auf „Empfangen“

schaltest und damit zu Dir und Deiner eigenen Wahrnehmung zurückkehrst. Du kannst dann alles, was auf Dich zukommt, eher an Dir abgleiten lassen, wenn Du innerlich so fokussiert bist. Du beschäftigst Dich mit Deinem eigenen Körpergefühl, und könntest Dich auch mit Worten abgrenzen: "Hallo, ich bin beschäftigt." Oder einfach: "Ich habe zu tun." Und Du entscheidest, für eine bestimmte Zeit nichts zu empfangen.

Auf das eigene Erregungsniveau zu achten und es auf einem angenehmen Level zu halten, indem Du Dich auf Dich oder ein Ziel konzentrierst, ist eine Form von Achtsamkeit für Dich.

Unsere Aufmerksamkeit ist ein wertvolles Gut, das wir nicht leichtfertig verschwenden sollten. Wir legen selbst fest, wer in ihren Genuss kommt und überlassen dies nicht dem Zufall oder der Entscheidung eines anderen. Das ist Achtsamkeit im Umgang mit unseren eigenen geistigen und emotionalen Ressourcen.

Wichtig in diesem Zusammenhang ist letztendlich auch noch, dass Du Deiner eigenen Wahrnehmung Deiner Grenzen vertraust. Wenn wir über viele Jahre unsere eigenen Grenzen ignoriert haben, sind wir uns oft nicht mehr sicher, ob sie gerade berührt wurden, oder ob wir uns das einbilden. Sätze wie, „Das schaffe ich noch!“, oder „Ich sollte mich nicht so anstellen!“, können Deine guten Absichten sabotieren und Deine Zweifel nähren. In der Regel wirst Du jedoch spätestens hinterher wissen, ob Deine erste Reaktion richtig war. Und dafür benötigst Du einfach Zeit und Geduld, damit Du Dich mit Deiner Wahrnehmung von Dir sicher fühlst, und dementsprechend handelst.

Insgesamt ist es ein liebevoller Blick auf Dich selbst, der für eine empathische Abgrenzung unumgänglich ist. Du behauptest Dich mit Liebe und hast einen umfassenden Blick auf die Situation. Daraus entstehen weise Lösungen.

Mit einer liebevollen Selbstbehauptung steckst Du Dein Revier ab und weißt, was Du beitragen kannst und was nicht, was Du leisten kannst und wie viel Zeit Du für Deine Regeneration benötigst. Du kannst Dein Leben so einrichten, wie Du es brauchst und möchtest. Dein Revier ist mit Liebe abgesteckt, und wenn jemand Deine Grenzen übertritt, verweist Du ihn umgehend freundlich aber bestimmt zurück zu sich.

12. ... wie sage ich es?

In den voran gegangenen Kapiteln hast Du bereits einige konkrete Aussagen gelesen, die Dir helfen können, Deine Grenzen klar zum Ausdruck zu bringen. Dabei sind kurze Aussagen effektiver, als lange Erklärungen. Formuliere klar, was Du willst, und sprich nicht darüber, was Du nicht willst! Dies kommt oft beim Gegenüber als Vorwurf an und kann unnötige Konflikte provozieren.
Wenn Du mit einem Lächeln klar NEIN sagst, so ist es für Dich wie auch für den anderen einfacher, als wenn Du zusätzlich langatmige Rechtfertigungen oder Entschuldigungen benutzt.
Hilfreich ist es, das NEIN ohne emotionale Ladung auszusprechen. Sag es ruhig und bestimmt. Wenn Du nicht ruhig bist, warte ab, bis sich Deine Emotionen abgekühlt haben. Beginne mit dem Wesentlichen: NEIN.
NEIN, das mache ich nicht.
NEIN, tut mir leid, heute nicht.

NEIN, das kann ich diesmal nicht machen.
Du kannst zusätzlich gleich zu Beginn dafür den Kopf schütteln und Blickkontakt halten. Wichtig dabei ist Deine innere Haltung. Wenn Du eine liebevolle Sicht mit dem NEIN verbindest, wird auch das beim Gegenüber ankommen. Deine Körperhaltung, Deine Stimme und vielleicht auch ein Lächeln, dass mit dem NEIN gesendet wird, vermitteln Deinem Gegenüber Deine freundliche, empathische Einstellung.
Wenn Du Dich damit wohler fühlst, kannst Du im Anschluss noch eine positive Bemerkung machen.
„Passt gerade nicht, aber nächste Woche habe ich Zeit!"
„Vielleicht ein andern Mal, wenn ich mehr Zeit habe, mich darauf einzustellen."
„Das ist nicht mein Metier, aber ich könnte Dir gerne helfen bei ..."

Vielleicht ist auch die gewaltfreie Kommunikation von Marshall Rosenberg eine passende Ausdrucksform zum Thema Abgrenzung für Dich.

Sie verläuft in vier Schritten:

1. Du formulierst Deine Beobachtung. Wichtig ist es, hier keine Bewertung vorzunehmen, sondern den Sachverhalt neutral vorzutragen.
„Wenn ich dein dreckiges Frühstücksgeschirr am Abend auf dem Küchentisch stehen sehe ..."
2. Gefühle formulieren.
„ ... werde ich wütend und ärgere mich, ..."
3. Bedürfnisse formulieren. Hier geht es darum, klar und ehrlich auszudrücken, was dahinter steckt.

„ ... weil ich in den Räumen, die wir gemeinsam nutzen, mehr Ordnung brauche (ich ein Bedürfnis nach Ordnung habe)."
4. Bitten aussprechen. Diese vierte Komponente bezieht sich darauf, was wir vom anderen wollen, so dass unser Leben schöner wird.
„Deshalb möchte ich dich bitten, dein Geschirr immer sofort nach dem Frühstück in die Spülmaschine zu stellen oder es abzuwaschen."

Im vierten Schritt kannst Du Deine Grenze ausdrücken.
Empfehlenswert und weiterführend ist dafür das Buch: Gewaltfreie Kommunikation von Marshall Rosenberg. Hier findest Du das Buch: https://amzn.to/2xidUEN

Viele Menschen stellen sich beim Thema Abgrenzung die Frage:
Wie kann ich in einer guten Beziehung mit den Menschen bleiben, wenn ich ganz klar NEIN sage?
Genau dafür eignet sich die gewaltfreie Kommunikation sehr gut, weil es sich hierbei um eine klare, einfühlsame Sprache handelt, die Streitereien vermeiden kann.

Im Grunde ist es also einfach, sich empathisch abzugrenzen:
Sprich klar und freundlich!
Und im besten Falle siehst Du das optimale Ergebnis bereits vor Dir.
Nach einiger Zeit wird es gar nicht mehr oft nötig sein, über Deine Abgrenzung zu sprechen. Dann strahlst Du es einfach mit Deinem Wesen aus, und die Menschen spüren genau, was sie mit Dir machen können und was nicht.

13. Verantwortung

Für das Thema Abgrenzung ist es wichtig, auch einen Blick auf Verantwortlichkeiten zu werfen.

Wenn Du dazu neigst, Verantwortung für andere Menschen und auch deren Gefühle zu übernehmen, ist empathische Abgrenzung ein wunderbares Hilfsmittel, Dich um Deine Angelegenheiten zu kümmern, Verantwortung für Dich zu übernehmen, und den anderen ihre zu lassen.

Byron Katie hat es auf den Punkt gebracht: Es gibt drei Arten von Angelegenheiten:

1. Meine Angelegenheiten
2. Seine oder ihre Angelegenheiten

3. Gottes Angelegenheiten

In ihrem wunderbaren Buch: Lieben was ist!, beleuchtet sie nicht nur diesen Aspekt, sondern stellt auch ihre Methode der vier Fragen, die Dich aus dem Leid herausführen können, ausführlich dar. Absolut empfehlenswert!
https://amzn.to/2JcEF2Z

Mitunter neigen wir dazu, anderer Leute Probleme lösen zu wollen und ihnen Leid zu ersparen. Es ist jedoch einfach nicht unsere Angelegenheit.

Zudem steckt oft ein (unbewusster) Eigennutz dahinter, wenn wir dadurch unser eigenes Leid minimieren wollen. Wir vermeiden es, unseren Schmerz zu fühlen, der hinter unserem Übereifer steckt. Da ist zum Beispiel der Bettler auf der Straße, der uns leid tut und den wir deshalb vielleicht gar nicht richtig anschauen mögen, sondern lieber eine Münze in den Korb werfen und schnell weitergehen.

Besonders wenn wir sehr mitfühlend sind, besitzen wir häufig einen sehr guten Blick dafür, worunter andere leiden und möchten helfen. Doch wenn wir darunter leiden, dass es jemand anderem (vermeintlich) schlecht geht, sollten wir uns zu erst um unsere eigene Angelegenheit kümmern. Wenn wir fremdes Leid abstellen möchten, ist es ungefähr so, als würde es an einem Knie jucken, das gar nicht zu uns gehört, und uns dort kratzen. Derjenige, an dem da gekratzt wird, kann das zurecht als übergriffig empfinden.

Wenn Du spontan jemandem helfen möchtest, kannst Du Dich fragen:

„Warum möchte ich das tun?"

Wie fühle ich mich dabei?

Wir sind alle verantwortlich für unsere eigenen Gefühle. Es kann sein, dass jemand anderes ein Gefühl bei Dir auslöst, aber das Gefühl gehört zu Dir. Es war vorher schon in Dir (sonst hätte es nicht zum Vorschein kommen können), der andere hat es lediglich aktiviert.

Was ist Dein Anteil am „Problem"?

Was ist Dein Verantwortungsbereich?

Das ist der Teil des Problems, das Du lösen kannst. Etwas, das in Deiner Entwicklung geschah, ist meist dafür verantwortlich. Und wenn Du Dich dem stellst, dem Problem, dem Schmerz nachspürst und Ja dazu sagst, übernimmst Du die Verantwortung für Dich – genau da, wo Dein Wirkungsbereich liegt. Es ist Deine Angelegenheit.

Welchen Anteil hat Dein Gegenüber?

Was fällt in seinen Verantwortungsbereich?

Du kannst Hilfe und Unterstützung anbieten, wenn Du das möchtest. Aber Du kannst nicht jemandem drängen, einen Entwicklungsschritt zu tun, für den er noch nicht bereit ist.

„Ein wahrhaft sensibler und vernünftiger Mensch versucht naturgemäß, wenn ihn Übel und

Ungerechtigkeit der Welt bekümmern, zunächst dort gegen sie anzugehen, wo sie am deutlichsten zutage treten, nämlich bei sich selbst. Und damit wird er sein Leben lang beschäftigt sein.“
(Fernando Pessoa)

Jeder ist verantwortlich für die Gestaltung seines Lebens, nicht das der anderen. Was Du an Glück und Erfüllung erfahren kannst, liegt in Deinen Händen. Und dabei hilft empathische Abgrenzung sehr. Dein Alltag wird entspannter, und auch der Kontakt mit unseren Mitmenschen wird ehrlicher und tiefer, wenn wir Grenzen setzen können, die durchlässig sind und die den anderen klar machen, wie wir sind, was wir können, und was nicht.

Niemand kann beurteilen oder hat zu werten, wie Du Dein Leben einrichtest. Es ist allein Deine Sache. Du bist der Spezialist für Dein Leben. Niemand weiß besser als Du, was Du möchtest und leistest, wo Deine Probleme anfangen und aufhören und wo etwas nicht Dein Problem, sondern das eines anderen ist. Das ist Deine Angelegenheit und die Chance, Dein Leben passend für Dich zu machen.

Wenn Du damit beginnst, Dich veränderst und für Dich einstehst, kann sich alles verändern! Auf jeden Fall wird sich etwas verändern. Du weißt nie was, aber Du weißt, dass Du Dich für Dich eingesetzt hast. Und schon dafür solltest Du Dich wertschätzen.

Für Deine Grenzen einzustehen bedeutet, dass Du Verantwortung für Dich übernimmst. Du richtest Dir Dein Leben so ein, wie es gut für Dich ist (und niemandem Schaden zufügt). Dein individuelles Leben ist nicht verhandelbar.

Jeder Mensch hat dieses individuelle Leben und wenn wir das erkennen, behandeln wir auch die anderen mit mehr Empathie und Akzeptanz in ihren Eigenheiten. Wir fordern nichts, was jemand anderes nicht geben will. Wir erkennen die eigene Verantwortung und nehmen diese auf uns. Und wir erkennen auch, wo unser Verantwortungsbereich endet und lassen an dieser Stelle los. Das führt zu einem viel leichteren Leben

Manchmal sind die dafür notwendigen Veränderungen auch schmerzlich – aber es ist schmerzhafter, wenn Du dauerhaft über Deine Grenzen gehst oder die Verantwortung für die Angelegenheiten eines anderen übernimmst! Das erforderliche Bewusstsein und die Auseinandersetzung mit Deinen Bedürfnissen, Wünschen und Werten bewirkt, Dich selbst besser zu verstehen und Defizite sowie Potentiale leichter anzunehmen. Es geht darum, Dir selbst gerecht zu werden und Deine Bedürfnisse anzuerkennen und auszudrücken.

Übernimm die Verantwortung für das, was in Deinem Leben geschieht! Deine klaren Grenzen werden nicht nur Dir, sondern auch den Menschen um Dich herum helfen, das richtige Maß an Verantwortung zu übernehmen, und eine realistische Einschätzung der eigenen Möglichkeiten zu erlangen.

Es ist ein Akt der Liebe, Nein zu sagen! Nicht nur, weil Du damit gut für Dich sorgst und Selbstliebe beweist, sondern auch, weil Du Deinem Gegenüber damit seine Eigenverantwortung lässt. Das ist auch eine Form von Wertschätzung für die andere Person. Nichts von ihr zu übernehmen oder tragen, sondern ihre Größe und Weisheit zu achten. Damit vertraust Du ihr, dass sie ihre Aufgaben eigenverantwortlich meistern kann - so wie Du die Deinen.

14. … noch mehr Tipps für den Alltag

Zusätzlich zu all den voran gegangenen Tipps und Inspirationen rund um empathische Abgrenzung, findest Du hier noch zehn konkrete Ideen für die Umsetzung im Alltag!

1. Reagiere frühzeitig!

Je früher Du reagierst, desto einfacher ist es. Wenn Du Deine Grenzen in einem frühen Stadium der (drohenden) Überschreitung spürst und ernst nimmst, hast Du den entscheidenden Vorteil, dass Du souveräner und weniger emotional darauf reagieren kannst. Dir bleibt ein größerer Handlungsspielraum erhalten. Zögerst Du, könntest Du Dich später in unnötigen Debatten wiederfinden.

2. Lass Dir die nötige Zeit für eine Antwort

Manchmal kommt jemand überraschend mit einer Bitte auf Dich zu, und Du bist komplett überrumpelt. Aber meist musst Du nicht sofort eine Entscheidung treffen. Um mehr Zeit zu gewinnen, kannst Du sagen:
"Darüber muss ich eine Nacht schlafen. Ich gebe Dir später (oder morgen) Bescheid."
Du kannst immer um ein wenig Bedenkzeit bitten, und sei es nur, um einmal kurz vor die Tür zu gehen und tief Luft zu holen.
Meist fällt die Entscheidung von selbst, wenn Du Ihr erlaubst, in Dir zu reifen. So hast Du auch nochmal Zeit, Dir Deine Werte und Bedürfnisse bewusst zu machen. Die Entscheidung entspricht Dir und ist richtig für Dich, wenn Du Dich innerlich ganz ruhig fühlst mit einer Antwort.
Solltest Du unter Zeitdruck stehen, kannst Du im Notfall eine Münze werfen. Wenn Du dann innerlich merkst, dass Du mit dem Münzwurf sehr unzufrieden bist, weißt Du auch, dass die andere Entscheidung besser für Dich passt.

3. Du entscheidest über Deine Angebote

Gefallen und Hilfestellungen gehören zu einem guten, menschlichen Miteinander dazu. Anderen Menschen zu helfen entspricht einer empathischen Lebenseinstellung. Deshalb kannst du auch Gegenangebote machen, die passender für Dich sind.
Zum Beispiel: Wenn Dich jemand fragt, ob Du ihm bei einer Reparatur helfen kannst, Du an Deinem Wochenende aber auch Ruhe für Erholung benötigst, biete doch an, ihm einen Teil der Arbeit oder Organisation abzunehmen, anstatt die komplette Reparatur zu erledigen.

4. Gemeinsam Absprachen treffen

Besonders innerhalb der Familie oder mit nahen Freunden kannst Du, bezüglich Deiner Grenzen, Vereinbarungen treffen. Ihr kennt euch gut und könnt im Besten Falle über alles sprechen. Dann ist es möglich, Grenzen gemeinsam im Konsens zu vereinbaren. Setzt euch in einem entspannten Moment zusammen und trefft Regelungen, die für alle Beteiligten passend sind.

5. Vorwarnung geben

Je besser Du Dich kennst und Deine Grenzen wahrnimmst, desto eher nimmst Du eine beginnende Grenzüberschreitung wahr. In diesem Fall kannst Du schnell reagieren und Deinem Gegenüber bereits eine Art Vorwarnung geben – ähnlich einer gelben Karte beim Fußball. Dazu kannst Du auch das Wort „Verwarnung“ benutzen, so dass es nicht mehr zwangsläufig zu einer „roten Karte“ kommen muss.

6. Bei Bedarf: Antennen einziehen!

Nimm aufmerksam wahr, was gerade in Dir passiert. Besonders Deine Körperwahrnehmungen und Deine Gefühle. Es gibt Dir Aufschluss darüber was Du brauchst. Mit Deinen Sinnen nimmst Du alles sowohl in Dir als auch im Außen wahr. Das sind deine Antennen. Lerne Deine Antennen kennen und wie sie sich bemerkbar machen.
Stell Dir vor, dass Du diese Antennen bei Bedarf einziehst! Oder Deine Antennen kleiner oder kürzer machst, wenn Du spürst, dass Du beginnst, zu viel im Außen wahrzunehmen. Das ist eine bildhafte Vorstellung, die hilfreich sein kann im Alltag: Ich ziehe meine Antennen ein.

7. Bereite Dich vor!

Bevor Du in ein Gespräch gehst, indem Du eine Grenze ausdrücken willst, überlege Dir genau was Du willst. Du kannst Deine Worte auch vorher notieren. Das hilft nicht nur Dir für eine Klarheit, sondern Du übst damit auch, Deine Worte auf den Punkt zu bringen. Am Besten sprichst Du später nicht davon was Du nicht willst, sondern wie Du es Dir wünscht.

8. Widerstehe falschem Lob

Jeder von uns braucht Anerkennung und Wertschätzung, und deshalb tappen wir manchmal in die „Honig-Falle". Wenn andere Dir Honig um den Mund schmieren, um etwas von Dir zu bekommen, hört sich das meist zuerst gut an, ist aber gefährlich. Sätze wie „Du kennst dich doch immer so gut mit .... aus!" Oder: „Könntest du das noch mal für mich machen?" sind Anzeichen, dass jemand nicht selbst dazulernen möchte, sondern auf dem Weg ist, Dich auszunutzen.
Du könntest darauf antworten: „Und du kannst toll nähen. Könntest du mir dafür eine Hose kürzen? Dann repariere ich es Dir gerne ein letztes Mal."
Oder schick ihm den Link von Youtube, wo man für fast jedes Problem eine Lösung findet. Das ist Hilfe zur Selbsthilfe .

9. Erinnerung mit visueller Hilfe

Bist Du ein visueller Mensch? Dann helfen Dir vielleicht auch Bilder oder kleine Zettel, die Dich daran erinnern, dass Du einen neuen Weg eingeschlagen hast.
Zum Beispiel kannst Du einfach ein NEIN! - Schild gestalten und an Deinen Spiegel, Kühlschrank, Tür, Computer oder wo immer Du möchtest kleben. Es erinnert Dich daran, welche Fähigkeit Du gerade aufbaust und unterstützt Dich darin, dran zu bleiben.

10. Wenn Dich etwas ärgert - Grenzen setzen mit Vorbereitung

Stell Dir vor Du stehst in einer Warteschlange. Plötzlich drängen sich Menschen an Dir vorbei nach vorne, um schneller an die Reihe zu kommen. Ärgert Dich das? Und später vielleicht auch noch, dass Du nichts gesagt hast?
Du könntest für das nächste Mal beschließen, wenn Dich das Verhalten eines anderen ärgert, dass Du entweder jetzt gleich etwas sagst oder spätestens beim 3.Vorfall.
Das gibt Dir die Möglichkeit, darüber nachzudenken, ob ein NEIN hier für Dich wichtig ist, und ebenfalls, wie Du es formulieren möchtest.
Auch hierbei hilft die gewaltfreie Kommunikation von Marshall Rosenberg (siehe Kapitel 12), um Deinen Wunsch freundlich und klar auszudrücken.

15. Nachwort - Ausblick

Herzlichen Glückwunsch für Deine Auseinandersetzung mit diesem wichtigen Thema. Es erfordert mitunter viel Mut, sich einzugestehen, dass es wichtig ist etwas Neues zu lernen und die dafür wichtigen Veränderungsschritte zu gehen. Indem Du durch empathische Abgrenzung für Dich sorgst, überwindest Du auch Deine Grenzen, die Dich bisher von einem NEIN abgehalten haben.

Auf der Reise durch dieses Buch sind viele Aspekte des Themas beleuchtet worden, die Inspirationen und Hilfe für Dich sein können, neue Wege einzuschlagen. Mit diesem Handwerkszeug kannst Du Dich für neue Erfahrungen öffnen. Wähle die Tipps, die Dich am meisten angesprochen haben. Beginne den Weg mit kleinen, neuen Schritten.

Jede kleine Veränderung ist ein positiver Step zur Entwicklung Deiner liebevollen Selbstbehauptung.

Dazu können wir freundlich zu uns sein, Umwege in Kauf nehmen und unsere „Fehler“ liebevoll betrachten. Sie helfen uns sehr - auch beim Thema empathische Abgrenzung. Je öfter wir es praktizieren, JA zu uns und unseren Grenzen sagen und dafür einstehen, desto besser gelingt es uns.

Wenn wir in der Lage sind alles, was das Leben uns bietet, zu bejahen, wird Abgrenzung immer unwichtiger. Dann darf auch der Schmerz da sein, der sich so oft hinter einer fehlenden Grenze versteckt hielt. Das Leben ist so wie es ist: Vielseitig, immer wieder überraschend und hält alle Erfahrungen, von Freude bis Wut, für uns bereit. Wir können es annehmen, empfangen und akzeptieren alles, was sich zeigt und beenden damit unseren Kampf. Wir akzeptieren die Bedingungen und wählen, wie wir auf unsere Erfahrungen reagieren.

Das Leben (und wir) sind Energie, die fließt. Ständig. Mit unserer Offenheit, kann alles, was zu uns fließt, auch wieder abfließen. Wenn wir jedoch innerlich stark auf eine Erfahrung reagieren, machen wir daraus eine Geschichte. Dann bleibt zum Beispiel der Schmerz, den es auch beinhaltet, haften. Lassen wir hingegen alles durchfließen haben die Dinge, die im Außen passieren, immer weniger Wirkung auf uns. Dann können wir ein übergriffiges Verhalten lächelnd, mit einem Kopf schütteln, ablehnen.

Das ist ein Weg, der Zeit und Übung benötigt. Aber mit diesem Ziel setzen wir einen Fokus, der uns eine klare Richtung gibt.

Das JA zu uns und unseren Grenzen bildet die Grundlage dafür. Sollten sich jedoch immer Mal wieder Schuldgefühle bei einer Abgrenzung einschleichen wollen, gibt es einen weiteren Satz, der helfen kann:

Ein NEIN zu einer Sache ist ein JA für etwas anderes.

Für Dich!

16. Selbsttest

Kannst Du Dich gut abgrenzen?

Es gibt in uns allen den Wunsch und das Bedürfnis uns selbst zu erkennen. Deshalb lieben so viele Menschen Persönlichkeitstests. Es ist immer wieder spannend, was das Ergebnis aussagt und in wie weit wir dem zustimmen können.

Persönlichkeitstests können uns helfen, neue Anregungen oder Sichtweisen zu bekommen. Oder uns auf einen bisher blinden Fleck in uns aufmerksam machen. Letztlich kann ein solcher Selbsttest aber nur Hinweise liefern. Wenn Du Dich von einer Aussage angesprochen fühlst, gibt es eine Resonanz mit etwas, dass in Dir existiert. Vertraue Deinen Eingebungen und Deiner Intuition!

Du kannst Dich vorab fragen:

Wie stehe ich zum Thema Abgrenzung?

Was für Gefühle werden in mir dadurch ausgelöst?

Die Antworten geben Dir bereits wertvolle Hinweise von Dir!

Welche Bewertung der Aussage passt am Besten für Dich?

Kreuze an auf einer Skala von 1 bis 10.

1 trifft gar nicht zu, 10 trifft voll zu.

Frage	1	2	3	4	5	6	7	8	9	10
Kannst Du anderen lange zuhören, aber Deine Anliegen kommen im Gespräch zu kurz?										
Platzt Dir manchmal der Kragen und Du brüllst dann laut?										
Fällt es Dir schwer, jemand einen Wunsch abzuschlagen?										
Gibst Du anderen gern und viel und bereust es hinterher?										
Kann es passieren, dass Du lange ohne Pause arbeitest und dann ganz erschöpft bist?										
Kostet es Dich oft Energie, wenn Du mit anderen Menschen zusammen bist?										
Neigst Du dazu, andere Menschen mehr zu fühlen als Dich selbst?										
Hast Du schon den Kontakt zu jemanden abgebrochen, der Dir vorher nahe stand?										

Addiere jetzt Deine Punktzahl!

Auf der nächsten Seite findest Du die Auswertung!

Auswertung

1 – 20 Punkte
Du kannst Dich bereits gut abgrenzen und Dich selbst behaupten. In den oben beschriebenen Situationen hast Du keine Probleme, Grenzen zu setzen. Auch wenn Du manchmal Angst verspürst, zeigst Du Zivilcourage und stellst Dich auch gegen die Mehrheit, wenn Du von einer Sache überzeugt bist.
Du kannst auf diesem Gebiet ganz entspannt sein und Dich entsprechend Deiner Werte und Bedürfnisse entfalten. Meist sagst Du deutlich, was Dir nicht passt, und nimmst dabei kein Blatt vor den Mund. Vielleicht benötigst Du noch ein paar Inspirationen, um Abgrenzung auf eine empathische Weise auszudrücken. Jedoch kann Dir dieses Buch besonders hilfreich sein, um Menschen um Dich herum, für die das Thema Grenzen eine große Herausforderung ist, besser zu verstehen.

21 – 40 Punkte
Du bist Dir bereits über viele Aspekte des Themas Abgrenzung bewusst und besitzt die klare Absicht, gut für Dich zu sorgen. Du hast auch den Mut dazu, die Tipps aus diesem Buch auszuprobieren. Freue Dich darauf, Dich mit der Zeit noch besser empathisch abgrenzen zu können und damit mit Dir im Reinen zu sein. Das wirkt dann auf Dein Gegenüber als Souveränität, und gibt auch Dir wiederum das Vertrauen und die erforderliche Sicherheit in der Begegnung mit anderen.
Mit Grenzen gehst Du aktiv und gekonnt um und

verfügst bereits über einige Techniken, mit denen Du Erfolg hast. Durch die Lektüre kannst Du von der Erkenntnis weiterer Zusammenhänge, die Du vielleicht schon erahnt hast, und durch zusätzliche Methoden profitieren und dadurch Deine Fähigkeiten weiterentwickeln und abrunden.

41 – 60 Punkte
Bisher hat Dein weiches Herz das Zepter in der Hand. Abgrenzung ist Dir bisher noch nicht oft gelungen. Wenn jemand etwas von Dir will, fällt es Dir schwer, NEIN zu sagen. Du hast für alle(s) Verständnis, aber zu wenig für Dich selbst. Manchmal kommen Dir Zweifel, ob wirklich immer Du zurückstecken musst. Vielleicht hast Du auch schon verschiedene Anläufe genommen, um Grenzen zu setzen. Woraufhin alle erstaunt fragen, was denn jetzt mit Dir los ist.

Denke daran, dass die Interessen der anderen nicht wichtiger als Deine eigenen sind. Wenn Du Dich anders verhältst und Dich mehr für Deine Wünsche, Werte und Bedürfnisse einsetzt, tauchen wahrscheinlich häufig Schuldgefühle auf.
Für Dich bietet dieses Buch viele hilfreiche Tipps und Anregungen, um sich ihnen zu stellen. Mit der Zeit werden die Bedenken, die Dich von der Abgrenzung fernhalten wollen, immer schwächer und Du immer selbstsicherer.

61 – 80 Punkte:
Du bist besonders freundlich und nett zu anderen. Vielleicht hast Du früh gelernt, ein lieber Mensch zu sein. Und dabei verlernt, Dich selbst ernst - und Deine eigenen Gefühle wahrzunehmen. Inzwischen passt Du Dich ohne groß nachzudenken den Wünschen und Ideen anderer an. Das hat natürlich auch Vorteile. Du bist beliebt und jede(r) mag Dich. Es gibt wenig Stress und Konflikte in Deinem Leben. Doch die Kehrseite der Medaille ist auf lange Sicht weniger angenehm. Wenn Du tust, was andere wollen, gehst Du über Dich selbst hinweg und verlierst an Persönlichkeit.
Sag nicht automatisch JA. Horche erst einmal in Dich hinein, was Du wirklich willst und mach es deutlich. Das wird nicht jedem gefallen. Aber Deine wahren Freunde werden Dir applaudieren, wenn Deine Ecken und Kanten zum Vorschein kommen.
Wahrscheinlich spürst Du bereits, dass es so wie bisher nicht weitergehen kann. Dieses Buch liefert Dir wichtige Erkenntnisse und Methoden auf dem Weg zu Deiner liebevollen Selbstbehauptung - vorausgesetzt Du entschließt Dich, selbst die Verantwortung für Dich zu übernehmen und aktiv zu werden.
Schaue, wer Dich auf diesem Weg unterstützt und Deine Entwicklung gut heißt. Gehe in Deinem Tempo vorwärts, Schritt für Schritt. Beachte dabei auch Deine Grenzen, damit Du Dich nicht selbst überforderst.

17. Audio – Download

Podcastfolgen zum Thema Abgrenzung vom Podcast Hochsensibel-Auja

#31 Abgrenzung – Grenzen im Außen setzen

https://hochsensibel-auja.com/2019/03/01/31-abgrenzung-grenzen-im-aussen-setzen/

#47 Abgrenzung – Wie du im Innern Grenzen setzen kannst

https://hochsensibel-auja.com/2019/06/20/47-abgrenzung-wie-du-im-innern-grenzen-setzen-kannst/

IMPRESSUM

Kontakt: Samara / Designbox / Holzhäuser Str. 1 / 34225 Baunatal
Covergestaltung: Kevin Rüdiger / https://kevin-ruediger-design.weebly.com/
Coverfoto: unsplash

Autorin

Samara begleitet seit vielen Jahren Menschen und hilft ihnen, neue Wege zu gehen und ihr Potential zu entfalten. Sie ist Expertin für Hochsensibilität und Bewusstseinserweiterung. Zum Thema Abgrenzung schreibt sie aufgrund eigener

Erfahrungen.

Nachdem sie jahrelang unter Grenzüberschreitung von nahestehenden Personen litt, konnte sie sich in einer Schlüsselsituation mit Hilfe von Drohungen erstmalig davon distanzieren. Daraufhin begann sie sich intensiv diesem Thema zu widmen und weiterzubilden, um bessere Möglichkeiten der Abgrenzung zu erlernen.

Die Hintergründe und Tipps in diesem Buch bewährten sich auf ihrem Weg. Aus diesem Grund

ist es ihr ein Anliegen, anderen Menschen diese als Hilfe anzubieten.

Samara lebt in Norddeutschland, liebt die Natur und interessiert sich neben Themen der Bewusstseinserweiterung besonders für Sport und Design. Dies ist ihr erstes Buch.

Schlusswort

Ich bedanke mich bei Dir für den Kauf meines Ratgebers und wünsche mir, dass Dir meine Anregungen , Tipps und Erklärungen zu einer besseren Abgrenzung und mehr Freude im Leben verhelfen.

Wenn Dir dieses Buch gefällt, oder Du weitere Anregungen hast, freue ich mich sehr über Deine Bewertung auf Amazon. Rezensionen sind sehr wichtig und helfen anderen Interessierten, sich für den Kauf dieses Buches zu entscheiden.

Hier kannst Du Deine Rezension verfassen: https://amzn.to/2LHxz9A

Samara. Abgrenzung empathisch. Grenzen setzen – Abgrenzen lernen
(German Edition)

Haftungsausschluss

Die Verwendung der Informationen in diesem Buch und die Umsetzung der Tipps und Inspirationen erfolgt ausdrücklich auf eigenes Risiko. Haftungsansprüche gegen die Autorin sind ausgeschlossen. Der Inhalt dieses Buches basiert auf persönlichen Erfahrungen der Autorin. Die Tipps ersetzen keine medizinische Beratung.

Samara. Abgrenzung empathisch. Grenzen setzen – Abgrenzen lernen (German Edition).

Abgrenzung emapathisch